極みなく美しき声の告げ

復刻版

『カトリックグラフ』特別取材班・編

本件については一九七六年六月以来、カトリック教会日本司教団がその司牧上の責務に鑑み、神学、心理学、医学などあらゆる分野から慎重に公式調査中である。

従って、キリストの権威に与かる教会はいまだ、何らの公式断定も意志表示もしていないことを特に付記する。

一九八〇年四月

カトリックグラフ特別取材班

取材メモから

人間が、その知性で測ることのできない現象に出会うことは、別に珍しいことではない。古くから人々はそれらの現象に怖れを抱き、人間以上の力を感じて、現象の前に平れ伏してきた。

科学の発達は、そうした現象の原因と成りたちを、かなりの部分、解明しつつある。雷鳴さえ不思議であった時代はもはや神話となり、科学によって解明できないものなど何もない、といった〝科学信仰〟を現代人は持っているようである。

科学の進歩は将来に向かってなお、無限である――それは、科学信仰の重要な信仰箇条といえる。したがって、現代という歴史上の一点で、人間に解明できない現象があっても、不思議ではない。そしてまた事実、現代科学が解明し切れないでいる現象は少なくないのである。心霊現象、超能力などはその一例といえるかもしれない。ある種類の宗教にも、そうした現象の強調がみられる。信仰によって難病が治ったり商売が繁昌する、といった御利益《ごりやく》を説くことは、わが国において宗教が成り立ってゆく上で必須の条件であるかのようでさえある。

しかしキリスト教の場合は、少なからず趣きが異なる。キリスト教の教義は現世の御利益を決して説かない。それは、すべてに先立って存在し全智全能である神と、その被造物である人間との関係論である。

もちろんその教義は、神の存在を前提としている。神とはどんな存在なのかといえば、全てを知り、全てのことができ、時間と空間を越えて普遍的にある存在、というわけだ。

キリスト信者は、宇宙万物を支配する自然法則が神によって定められたことを信じている。法則の造り主である神によるなら、法則の改変もまた可能である。従ってもし神がそう望まれるなら、自然法則の変異も当然ありうる、ということになる。

たとえば極端な話、水が低地から高地へ流れても、燃える火が冷たくても、それが神の意志によるものなら不思議ではない、と考えるわけだ。そして、そのような現象はカトリック教会教導職によって認められた後、「奇蹟」と呼ばれることになる。

現象が永い調査期間を経て「奇蹟」と認定されるまでには、信仰、科学の両面からあらゆるメスが入れられる。その過程で少しでも科学的に証明される見通しのあるもの、虚偽の疑いのあるもの、善意に基づくものであれ作為のみられるものは、きびしくフルイにかけられる。

こうして認定された奇蹟は、二千年に及ぶ教会の歴史の中でも、そう多くない。その中でよく知られている奇蹟のうち、近世以降のものとして、ルルドの奇蹟がある。

ルルドは、南フランス・ピレネー山麓の寒村である。一八五八年二月、この村を貫いて流れるガヴ川のほとりに遊ぶ十四歳の少女ベルナデッタの前に、聖母マリアが現われ、ベルナデッタを通して数々の奇蹟が起こった。聖母の出現はその年六月まで十八回に及ぶ。一九二三年、教会はこの奇蹟を公式に認め、以後ルルドは世界有数の巡礼地となって今日に至っている。

聖母が何らかの預言を伴って出現したという例はルルドだけの現象ではない。全世界の至るところで聖母出現が語られ、教会はそのうちのあるものを認め、あるものを否定してきた。

そして今――わが国でも、聖母出現が語られている。証言者は東北・秋田市郊外の修道院に所属する修道女。その証言によれば、彼女は〝きわみなく美しい声〟の告げを聞き、その声の主は聖母マリアだったという。出現に前後していくつか超自然現象が起こり、その目撃者は延べ千人を超える。

超自然現象は主として、その修道院の聖堂に置かれた聖母像の上に現われる。全長一メートルに足りない木彫りの像が光ったり、像の目から涙が出たり、汗が出たりする他、像の手のひらから血まで流れ出た、というのである。

その詳細は本書に収録されているが、汗と血液が鑑定された経緯だけをここに取り上げておこう。

木彫の像が汗をかき涙を流す――自然現象としては信じられない出来事が聖母像の上に起きたのは一九七三年以来数度に及ぶ。像の手の平に滲んだ血と涙を拭き取ったガーゼや綿片が秋田大学医学部法医学教室へ持ち込まれたのは一九七五年一月二十日。同学部・奥原英二教授は勾坂《さぎさか》肇《はじめ》助教授に鑑定を依頼した。勾坂氏はキリスト信者ではなく、鑑定対象物の由来も知らされていなかった。

鑑定方法は実に緻密。血液の場合、まず検体に血液が含まれるかどうか、二種類の方法で調べられる。血液のあることが判明すると、今度は人間の血液か動物の血液かのふるい分けをし、人間の血液であることが証明されたあと血液型を特定する、といった手順だ。涙についても同様の手順を経て、ほどなく鑑定結果が出た。聖母像の右手の平から出た血液ようのものはまぎれもなく「ヒト血液」だったのである。涙もまた「ヒト体液」であり、血液型はBであった――

しかしカトリック教会はいまのところ、その現象を奇蹟とは断定していない。一九七六年六月、教会行政当局は本件について公式の調査を開始した。それ以前は教会内にさえ、現象そのものを疑問視する見方が圧倒的に多かったのだった。つまり、現象はデッチ上げではないかという見解である。しかし公式調査に先立って現地を訪れたイエズス会のE神父の調査報告によって、現象そのものを疑問視する見解は否定されたといえる。有数のマリア学者として知られるE神父は聖母像に関するできごとを認め、それらは一人の修道女の超能力によって起きた現象である、と結論したのである。

公式調査は、その端緒についたばかりである。過去の例からみれば、調査が何らかの結論を下すまでにはなお数十年を要するかもしれない。その日まで、われわれは秋田・湯沢台のできごとに軽はずみな断定を加えてはならない。それを奇蹟と断じることも間違いであるし、世迷い事と一蹴する態度もまた間違いである。

当初、それらのできごとに関する情報は、単なる噂として流布し始めていた。私たちは問題の性質からみて、それらの情報が無責任な噂のまま肥え太ることを恐れた。その恐れは関心をもつ人々に正確な情報を提供することによって、除去されなければならない。月刊誌「カトリックグラフ」に特別取材班が組織された所以《ゆえん》である。

取材を進めてみると、諸現象の中心にいる修道女を含む全関係者が、その上長によって詳細な事情聴取を受けている事実が判明した。この事情聴取における陳述こそ、現象に関する最も精度の高い証言である。

本書は、その証言を中心として「カトリックグラフ」掲載の全情報を集成したもので、読者の理解を助けるために、関係者の一人称独白という形で構成されている。従って文責はすべて特別取材班に帰する。

また本書はコルベ出版社が、その所有する版権に基づき独自の立場と判断によって刊行したものであって、刊行上の責任はすべて本社に帰する。以上を明記したのは、本書に登場する関係者各位に何らの迷惑も及ばぬよう、特別の配慮をしなければならぬ事情からである。

なお、作家・遠藤周作氏と文藝春秋のご好意により、遠藤氏が本件に関して「オール讀物」昭和五十一年新年特大号に発表された玉稿を併せて掲載することが出来た。遠藤氏と文藝春秋社に深く感謝する次第である。

昭和五十五年四月十五日

特別取材班キャップ

山内継祐

極みなく美しき声の告げ／目次

装幀／馬場　明
写真／カトリックグラフ写真部
マリア・ジャック神父
谷藤弘雄（東京12チャンネル）

第一章

不思議な現象の背景

――「告げ」と〝出来事〟はこんな境遇のこんな人に――

開墾地に女三人

「秋田市の町外れ、国鉄秋田駅からタクシーで二十分ほどの丘陵地帯に、聖母マリアが出現された」というニュースが、いま日本の各界に静かな、しかし大きな衝撃を与えつつあるようだ。

秋田市添川湯沢台の、戦後開かれた開墾地にひっそりとたたずむカトリック在俗修道女会「聖体奉仕会」には、週末ともなると全国各地から〝出来事〟を知った信者たちがかけつけ、同会聖堂で熱心に祈っている。

なにしろ〝出来事〟は、ここに住む約十人のシスターたちにとってさえ奇想天外なハプニングの連続なので、彼ら自身、巡礼者たちと一緒に祈ること以外に、当面なす術（すべ）もないのである。

菅原スマさん（44＝一九七五年現在＝以下同じ）が秋田市郊外の湯沢台と呼ばれる原野に入植したのは、終戦直後の昭和二十一年。天皇制が音たてて崩れ、こころの支えを失った日本人のために祈る場所がほしかったのだという。トラピスチン的生き方に憧れていた菅原さんは、いくばくかの蓄えを頼りに毎日クワを振るったが、やがて蓄えは尽きた。以後は、昼間県庁職員として勤め、余った時間に開墾する、という二重生活が始まる。

もと某修道女会のシスターだった小竹咲子さん(65)が菅原さんを知ったのは十一年ほど前のことだ。小竹さんは「輸入されたものでない、土着の修道会——いってみれば初代教会的イメージの——、観想と実践を兼ね備えた修道生活をしたくて」当時某会を離れていた。そんな小竹さんの理想に共鳴したのが、鹿児島県生まれで新潟広小路教会の信者だった池田智恵さん(70)。

小竹さんと池田さんは、自分たちの理想をどうすれば実現出来るか、そればかり考える日を送っていた。そんなある日、司教に叙されて間もない新潟教区長・伊藤庄治郎師が事情を知り小竹、池田、菅原の三人を引き合わせた。「〝祈りのジャンヌダルク〟になりたかった」池田さんと「歩くカルメリット、社会に生きるトラピスチンとして一生を捧げたかった」小竹さんたちの出会い。理想と場所と、そしてやる気のある女性たちが揃った。さっそく共同生活が始まる。この生活形態を、彼女たちは「在俗観想会」とも「社会派修道院」とも呼びあった。

徐々に仲間がふえた。付近に人家とてない九千坪の敷地に梅林が育ち、畑も少しずつ広がっていった。

伊藤司教はこの会の特色を次のようにいっている。

「第二バチカン公会議(公会議とは教会の方針を決める教皇の最高諮問機関で、一九六八年に開かれた)は、『教会』を〝神との親密な交わりの場、全人類一致の印、道具〟と表現しました。とくにミ

出発時9000坪の荒野があるだけだった

サ聖祭における聖体祭儀を〝教会生活の中心、使徒として働く力の源泉〟としています。

現代女性が社会の中で働きつつ宣教する聖体奉仕会は、まさにこの公会議の所産といえます。同会は、世俗のために、世俗の中で生き、世俗を聖化するため存在しています」

で、会員の目標も自ずと定まり、ある会員はこう説明する。

「私たちは、聖体祭儀から得た力によって、キリストにまだ結ばれていない兄弟をも愛し、キリストによって救われる喜びをすべての人に伝えなければなりません。

日本のような宣教地で一番要求されているのは、まだ神を知らない人々に、天地を創造し毎日恩恵を与えてくださる神と、その御子キリストを知らせることです。
私たちの会は、そんな精神に従って、聖母の御保護のもとに集う、聖体を中心とした集団なのです」

「声」を聴いた修道女は全聾だった

聖母の告げを受けた笹川かつ子修道女（75年当時42）も、そうした会の趣旨に共鳴して集まった仲間の一人だ。といっても、特別に強い信仰の持ち主というわけではない、とこれはご本人の弁。

幼いころ盲腸の手術に失敗、半身不随だった時期もあり、彼女はこれまでに都合二十回以上も手術を受けたという。二十五歳のとき受洗、新潟教区内の巡回教会で長い間伝道者（カテキスタ）として働く。そのうちに聖体奉仕会の存在を知り、現職のまま入会した。

その笹川さんの耳が聞こえなくなったのは昭和四十七年三月十六日のことだ。伝道者として第一線に立つことがむつかしくなった笹川さんは湯沢台の本部修道院に戻り、祈りと労働の日々を送ることになった。

笹川さんの耳が聞こえなくなったのは、格別な天変地異のせいでもなさそうだ。新潟労災病院耳鼻咽喉科のS医博がいう。

「私はたまたま四十三年にも、別の病院で笹川さんを診ているのですが、そのときから難聴に悩んでいたようですね。

また聞こえなくなった、といってここへ来たのは四十八年二月二十六日。徹底的に調べよう、ということで、三月二十六日に入院、五月四日に退院するまでその間私が治療に当たりました。

しかしそのときは、左耳が全聾（ろう）、右耳も八〇デシベルという状態で、明らかに進行性難聴なので、手のほどこしようもなく、本人にも〝間もなく全然聞こえなくなるよ〟と覚悟させたのです」

笹川さんが全聾となったことを証明するひょんな事実がある。この年月刊誌「カトリックグラフ」は全国の読者を対象に、第二回アンケート調査を行った。同誌をよりよくするために具体的な批評を募ったもので、応募者の中から一名に旅行券をプレゼントする他、カメラやアルバムなどの懸賞をつけたささやかな企画だったが、笹川さんはこれに応募、まったく偶然にも一等に当選、旅行券を射止めていたのだ。

彼女は九州にいる友人修道女の誓願式に出席するためこの旅行券を使い、同誌に礼状を送っている。同誌編集部では四十八年七月号の投書欄にこの文面をダイジェストして掲載した。

この文面から、笹川さんが進行性の不治の病いと闘っていたことは明らかで、事実、退院した笹川さんは『重度身体障害者』の指定を受けている。

その笹川修道女が一九七三年七月、同会修道院の聖堂で、聖母の告げを受けた、というのである。彼女がどのように聖母を見、どのようにその声を聴いたか、という点については、次章で紹介する報告書をお読みいただきたい。ともあれ笹川さんが長年日記をつける習慣を持っていたため、〝告げ〟の内容ははっきりと残ることになった。それにしても全聾の彼女の耳に、聖母が囁かれ、彼女は聞いたのである――

と、まあここまでは、聖母の出現を事実と前提しての話。以上の話を単なる作りごと、世迷い事としか受け取らない向きにとっては、何ともハラだたしい狂言、デマということになるだろう。この出来事に関係する人々にしてからが、事態の思いがけぬ成り行きに呆然としているのが実情なのだ。三度にわたる聖母の声の告げ、聖堂内に置かれた聖母像から血や涙や汗が流れ出、伊藤司教までがその場に立ち合っている事実――これらをすべて作為とすれば、なんとも大がかりなウソである。

失礼を承知の上でいえば、新潟教区長として信望の厚い伊藤司教をはじめ、同会の全修道女、たまたま居合わせた黙想中の人々など千人以上（昭和五十四年末現在）もの人がロウラを合わせて出来事をデッチ上げていることになるのだ。

この出来事に懐疑的な目を向ける人もまた当然のことながら多く、その人々の意見には、いくつかの共通点がある。まず、同会指導司祭の安田貞治神父が聖母崇敬論者であるとして、同師の〝黒幕〟説。安田師が苦笑しながらいう。

「なるほどねえ……　しかしもともと、私は休養したい気持ちがあってここに来たのです。出来ればそっとしておいてほしかったのですよ。

別に反論する必要もありませんが、私はただ、私の気持ちにかかわりなく起きている一連の出来事に対して、司祭として当然の処置をしているだけ。誰が何といおうと、聖母はその御意思どおりのことをなさるでしょう」

ついでにいえば安田師の血液型はA。秋田大医学部による「聖母像から出た血液と涙」の科学的鑑定結果（聖母の血液型は、B、と出た）には関係ない。

次に笹川修道女の幻視、幻聴説。「私は、出来ればシスター笹川の幻覚説をとりたかった。でも笹川さんのお話を聞いて聖母出現は事実だったと信じたのです。彼女や同僚シスターは、ウソ

や冗談でそんなことのいえる人ではありません」（現地を訪れた大阪のYさん＝38）

ところで、同聖堂に置かれた聖母像（身長約七十センチ、台座まで一メートル）は、十字架を背負った珍しいスタイルである。一九四四年にオランダ・アムステルダムで出現されたといわれる聖母の姿を模したもので、同会設立にあたって修道女たちが貧者の一灯を持ち寄り、御絵一枚を頼りに彫刻家の手を労わせたもの。当時の価格で五万円だった。

なおアムステルダムの聖母については昨年七月、地元司教がその出現を公式に否定した。

ともあれ、〝秋田市郊外添川地区の湯沢台に聖母ご出現〟の噂、いまでは全国的に知れわたり、巡礼者がふえ続けているが、「事実かどうかはともかく」と前置きして、神学者・I神父がこういう。

「全能である神が、聖母を通して超自然的方法で何をなさっても、それは可能です。一方歴史上、聖母出現がウソであった例も少なくない。

今いえることとは、私たちキリスト信者は聖母の出現があったから信じるとか、出現されないから信じない、といった判断をすべきではない、ということ。信仰はもっと主体的な行為です。出現されて当然、されなくても自然、と受け取り、冷静な信仰を保ちたいものですね」

このアドバイスを参考の上、以下のレポートをお読みいただこう。

第二章

修道女の驚くべき体験

――天使との語らいから全聾の治癒まで――

〈語る人〉笹川　えつ子　修道女

聖櫃から出る光のまぶしさ

私の所属する聖体奉仕会は、教区長である司教様によって、「聖体への奉仕、償いの精神をもって聖体を礼拝すること」が目的と定められているため、司祭がいないときでも聖櫃の扉を開く許しが、責任者に与えられています。

一九七三年六月十二日、会員たちはある地方に連合会があるというので出かけましたが、その責任者は私に、「聖櫃の扉を開いて礼拝するように」と言い残してゆかれました。

そこで私は、長上の言葉の通りに、聖櫃の扉をそっと開こうと近づきましたところ、突然、聖櫃からまばゆい不思議な光が現われ、それに照射されて、思わずその場に平れ伏しました。

もちろんそのときは聖櫃の扉を開く勇気はありませんでした。およそ一時間くらいでしょうか、その威光に打たれ、その光が見えなくなっても恐れとおののきから、頭さえ上げることができませんでした。

あとでわれに返って反省し、罪深いわたしのために、光をもって聖体の中にましますイエズス様が、御自身をお示しくださったものだろうか、それともわたしの精神的錯覚ではなかろうかと、なかば疑いつつ考えていました。

祭壇中央の聖櫃から出た光がまぶしくて――

かつて妙高巡回教会にカテキスタとして勤めていた頃、何回となく聖櫃の扉をあけて、心から聖体を礼拝しておりましたが、このような体験は一度もありませんでした。それだけに、もしかして自分の頭がおかしくなっているのではないかとも考え、聖堂を出た後に、もう一度入って、祈りながら考えてみましたが、何も起こりませんでした。この日のできごとは、生まれて初めての体験であり、余りにも不思議なことだったので、誰にも話さず、自分ひとりの胸に収めて、その夜は床につきました。

次の朝は、早く目が覚めてしまいましたが、これ幸いと起きて、五時にはひとり聖堂に入りました。ふだんは朝六時から聖堂で、皆さんと一緒に朝の祈りである聖務を唱えることになっているのです。この朝、昨日のことは自分の錯覚であったのではないかと思い、なかば自分の状態をためしてみたいという気もあったので、聖体を礼拝しようと決心し、祭壇奥の聖櫃に近づくと、突然、昨日と全く同様のまばゆい威光に打たれ、照らされたのです。私は驚いて一歩さがり、平れ伏し、礼拝してしまいました。

そのとき、ああ、これは錯覚ではない、夢でもない、御聖体の中にまことにましますイエズス御自身が、自らをお示しくださったのだ、と強く考え、その尊い光が消えて見えなくなった後も、ずっと平れ伏したままでいました。

やがて聖務を唱える時間になり、会員の姉妹たちが聖堂へ入って来ました。わたしも皆さんと一緒に聖務を始めましたが、あの恐ろしい威光に射すくめられていましたので、祈りの言葉もどこかウワの空のようなところがあったように覚えています。

次の日は、**六月十四日**（木曜日）でした。皆さんと一緒に聖体礼拝を行なっていると、これまで二回見たあの威光の輝きだけではなく、聖櫃から流れ出るその光を包むかのように、そばにある聖体ランプの赤い光が、炎のように燃え上がっているではありませんか。そしてその尖端のところが、金色に輝いて見えました。赤い炎の火に、聖櫃全体がつつまれているようにさえ見えたのです。その突然の現象にわたしは驚き、恐れおののいて、その場にしばらく平れ伏してしまいました。

三日間続いて起こったこの不思議な現象のためわたしの心はすっかり驚きに捉えられてしまい、聖堂では、ただひたすら聖主《みあるじ》を礼拝し讃美する以外に、何も考えられませんでした。

また、つとめの時間を終えていったん聖堂から出ると我れにかえり、日常の言葉では表現できない、これまでに経験したこともないあの内的甘味さから解き放たれるのでしたが、ふだんの自分にかえってしまうと、自分は全くどうかしているのではないか、と自己反省を繰り返すのみでありました。

そのうちに私は、あれがほんとうの事実かどうか、その現象を見た自分が正常であるのかどうか、ためしてみたいと思うようになりました。自分の頭が、または精神作用が異常でおかしくなっているのでは困るとも思いましたし、そうでなければ他の姉妹たちも同じ現象を見ているのではないかと考え、むしょうにそれを知りたくなって、つぎの朝食事の時、皆さんが集っているところで、ちょっとその不思議な光のことについて話してみたのです。

ところが皆さんの反応は、何も見なかったという素振りでありましたので、すぐに口をつぐみ、それ以上は何も語らないで黙ってしまいました。そのとき長上のIさんから「それはあなただけのものでしょうから、話さないで、しまっておきなさい」と忠告され、ハッとしてうなずいたのでした。

自分のメモを見ますと、第一回目の光の出現は六月十二日、火曜日の午前八時半頃であり、二回目は次の日、十三日水曜日の、朝五時頃であり、三回目は六月十四日の木曜日、朝八時半から九時半までの間に起こった現象でありました。この三回目の現象は、特にわたしに最も強烈な印象を与え、心と胸奥に深く刻みつけられてしまい、どこへ行っても思い出され、忘れることのできないものになってしまいました。

それからというもの、わたしは聖堂へ入るたびに、その光が自分の心の中にとどまっているように感じ、御聖体が顕示されていない時でも、ひとりでに聖体の中にまことに存すイエズスを礼拝し、讃美する心でいっぱいになるのをおぼえました。そしてそのとき以来、聖堂こそまことの至聖所と思うようになり、以前よりも聖堂へ参ることを喜びとし、足も自然にそちらへ向かうようになりました。

この三日間の不思議な現象を、ひとり自分の心の裡に秘めて祈るとき、言い知れぬ内的甘味さとイエズスの愛に、わたしの心は焼き尽くされてしまい、心が燃えるような喜びと慰めにみたされるのをどうしようもありませんでした。そのことを書いている今も、なおその喜びの余韻のよ

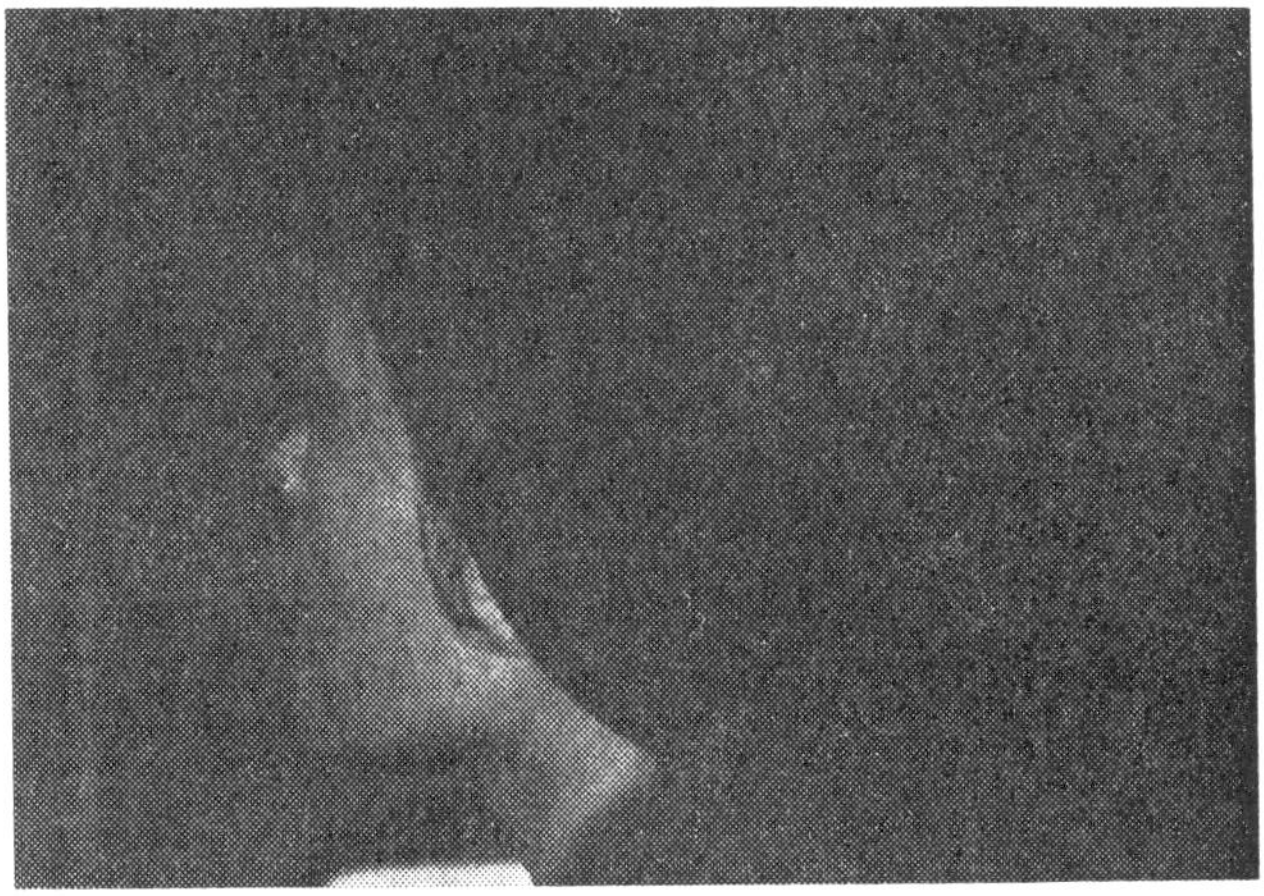

「私の心は喜びと慰めに満たされました」(笹川修道女)

うなものが残っていて、わたしの心を聖主《みあるじ》への不思議なあこがれへと、燃え立させてくれるのをおぼえます。

六月二十三日には、翌日に迫った「聖体の祝日」を祝うために、司教様が遠くから来てくださいました。わたしたち山の生活では、いろいろな事情によって六月五日以来指導司祭もいなくなり、毎日のミサも立てられなくなっておりました。そして、いつ代わりの司祭が来るというあてもない状態におかれていました。

二十四日の日曜日は、聖体の祝日でしたので、司教様のミサにあずかりました。

「この会は、聖体に奉献された集いであり、聖体の中に在すイエズスの聖心への信心を特に深めるように」

とのおさとしがありました。

この日はそういうわけで、午前八時から礼拝の時間が定められ、わたしをふくめて四人が一緒に揃って、礼拝の聖時間を持ちました。聖歌やロザリオなどの共同の祈りをひととおりしたあとで、念禱の祈りに入りました。

光と天使

司教さまに全てを打ち明けて

ところがしばらくすると、以前三回続いて見た同じ威光が聖体から現われ、その光を包むかのように、霞か、雲か、煙のようなものが漂い、さらに、祭壇全体を包んでいるほのぼのとした光が立ちこめているのが見え、祭壇の周囲には、無数の天使たちのような姿が礼拝しているのが見えました。わたしはその驚くべき光景に引き込まれてしまい、跪《ひざまず》き、その光に向かって自分を忘れ一心に礼拝し、また平れ伏していました。

しばらくしてふと、もしや外で誰かが火を焚いていて、その煙が自然に祭壇に反映していたのではなかったかと思い、そっと身体を起こして聖堂の外を眺めて見ましたが、それらしいものは何もなく、祭壇のところだけに煙のようなものがただよい、その威光を包んでいるのが見えました。目を開いたままではその光をじっと直視することができないほどでしたので、私はまた自然に目を閉じて平伏し、礼拝してしまいました。

やがて礼拝の時間も終わって、買物のために外出するKさんに背中を叩かれるまで、わたしはそのままでいました。起き上がって祭壇の方を眺めると、さっきまでの光と、雲か煙のような美しい光景は消え失せており、いつもと少しも変わりのない小さな聖堂がありました。わたしは、もっとそのままの状態でいたいような気持ちでいっぱいでした。

その日は、お客様の在俗修道女《カテキスタ》ひとりと、司教様と、わたしの三人が居残っていましたので、昼食の仕度を頼まれており、わたしはその時刻までわたしの仕事場に入って、与えられた縫い物の仕事をすることにしました。けれども、さっき見た聖堂のあの光景が目の裏にちらついて、仕事が思うようにはかどりません。私は懸命に黙想しながら、一針一針と手を運びました。

やがて、司教様にお茶を出す時間になりましたので準備をし、お茶を持参して司教様のところへ参りました。その時ちょっと、今までの異変について司教様にお話して、正しい指示を得ようかどうしようかと迷いました。もしこのままに放っておけばわたしの頭がおかしくなるのではないか、とも思いましたし、また、いま現にわたしが異変を見るほどどうかしているのではないかという心配もあって、正しい判断をしていただき、その指導をいただくためにも、今こそ話すべきチャンスではないかと考えました。

精神的錯覚にとらわれて自分を見失っていたり、病気になって周囲の姉妹の皆さんに迷惑をかけるようなことがあっては、まことに申しわけないことですし、この際勇気をふるってありのまま、見たままを、少しも包み隠さず、増し減らしなく、すべてを打ち明けて司教様の賢明な判断にまかせ、指導をいただこうと決心しました。

わたしは、おそるおそる司教様に語りはじめましたが、司教様が終始真剣に聞いてくださるので、わたしは救われたような、ほっとした気持ちになり、全てをありのまま打ち明けることができました。語り終えたときには、ほんとうによかったと思い、それと同時に一気に重い肩の荷をどっと下ろしたような気分になり、心が軽くなってとても嬉しく思いました。

じっと最後まで聞いてくださった司教様は、およそ次のようにおさとしくださいました。

「あなたの見た現象が何であるのか、まだはっきり分からないことだから、誰にも話してはいけない。そしてそのことのみにとらわれないよう、十分気をつけてください。

いちばん気をつけなければならないことは、わたしにだけ見える現象だ、特別なんだ、とどう

ファチマでも牧童たちの前に聖母が現われた

まんな心を起してはいけないということです。これから、ますます謙遜になるように努力して、そのことにこだわらないで、平常通り皆さんと変わりない生活をしてください。今あなたの話を聞いていても、頭がおかしくなった者の言葉ではないようですから、心配しないようにしなさい。このような例はありうることですから心配しなくてもよいのです。

オランダのアムステルダムにおいても、ある婦人に、マリア様が五十数回お現われになって祈りやメッセージを告げておられます。それはまだ教会当局の権威によって認められてはいませんけれども、あるのです。またファチマの牧童たちにもお現われになったでしょう。

でも、あなたの場合は、まだ何かよく分かりませんから、黙って平常通り変わりのない生活をしてください。御聖体についてよい黙想と、祈りをしてください」

わたしはすべてを話してよかった、と安心して引きさがりました。

守護の天使の出現

姉によく似た守護の天使

司教様の修道院滞在は一週間ちょっとでありました。**六月二十九日**の金曜日は、イエズスの聖心の祝日。ミサは平常より十分早く、司教様によって立てられ、御聖体に関する信心の説教がありました。

わたしは耳がまったく聞こえないので、司教様の唇の動きから説教を読み取ったのですが、わたしの心がひとりでにイエズスの聖心の愛に引きつけられるのを覚えました。そしてこの愛の心にひたりながら、司教様と貧しい私たちの会のために祈りをささげつつ、ミサに与りました。

朝食が終わり、聖体礼拝の時間になりました。先輩のDさんとわたしが組になり、午前九時から十時までの礼拝時間がわたしたちに充てられておりました。わたしはその三十分前から聖堂に入って、沈黙の中で念禱しながら、交代の時を待っておりました。いよいよ、Dさんとわたしと二人が御聖体の前に跪いたとき、Dさんが合図して、

「あなたが、ロザリオの祈りを先唱なさい」

と言われました。わたしは「はい」と答えて御聖体の聖歌を歌い、それを終えてから、ロザリオを取り上げて唱えはじめました。

ここでちょっとお断わりしておかなければなりませんが、わたしは一九六九年巡回教会でカテキスタをしていたとき、極度の疲労のためか、意識不明となって倒れてしまったことがあります。病院に担ぎ込まれ、四日間意識不明の状態が続きました。外面的には全く意識不明でありましたが、内面的にはきわめて意識が明瞭であって、その間、不思議なことに、ある美しい女性のような方がわたしに現われて、一緒にロザリオの祈りを唱えてくださったことがあるのです。こんなことを申しますと、どなたも「信じられない」と言われるでしょうけれども、わたしの内面的記憶の上ではあまりに現実的で、今も忘れることのできないものです。その証拠に、そのお方はわたしに、「ロザリオの各連の祈りのあとで次の祈りの言葉をつけ加えなさい」と教えてくださいました。

『ああ、イエズスよ、われらの罪をゆるし給え。われらを、地獄の火より守り給え。またすべての霊魂、ことに主の御憐れみを最も必要とする霊魂をして、天国に導き給え。アーメン』

わたしはその時神父様によって終油の秘跡を授けられていたそうですが、この祈りはわたしが外見的に意識を取り戻した時点においても、また今日も、唱え続けている祈りの言葉なのです。しかも、あとで知らされたことなのですが、この祈りはポルトガル・ファチマにおける聖母出現の折り牧童たちに教えられた祈りと、全く同一のものであるということです。

それはともかく、Dさんに促されてロザリオの祈りを唱えはじめると、四年前に祈りを教わったあの美しいお方が、わたしのそばに現われておられるのが見え、その方は一緒にロザリオの祈りを唱えてくださいました。まぎれもなくあのときのお方であるのにわたしは驚き、我れを忘れて夢中でその方に合わせ、ロザリオの玉ひとつひとつをゆっくりと唱えました。いつかわたしは、そばにDさんがいることも忘れていました。

あたかも夢か幻を見ているようなひとときでしたが、私は確かに、はっきりと意識的に目覚めておりました。最後に「いと尊きロザリオの元后、われらのために祈り給え」と祈りを唱え終わったとき、そのお方の姿は消えてありませんでした。

≪この時一緒にロザリオの祈りをしていたD修道女の証言≫
二人で組んだ聖体礼拝時間に感じたことは、いつも早口の彼女が、非常にゆっくりロザリオを唱えたことでした。あとでその理由を聞いてみたら「天使がそのように唱えられるから」と言っていました。

この聖体礼拝の時も、昨日起こったと同じ威光があらわれ、その光を包むかのように、ほのぼのとした雲か霞か、煙のようなものに、祭壇全体が覆われているように見えました。ところがこの日はさらに、無数の天使のようなものが現われ、「聖なるかな、聖なるかな、聖なるかな」と、その光に向かって手を合わせるようにしている姿が見えたのです。この天使たちの讃美の声はとてもうるわしく、わたしの聞こえないこの耳に響いてくるのをおぼえました。

その讃美の声が終わると同時ぐらいに、わたしの坐っている右側の方から、次の言葉が聞こえてきました。

「御聖体の中にまことにましますイエズスの聖心よ、一瞬の休みもなく全世界の祭壇の上にいけにえとなられ、御父を讃美し、御国の来たらんことを乞い願う至聖なる聖心に心を合わせ、わが身も心も全く御身にささげ奉る。願わくは、わがこのつたなき捧げを受け取り、御父の光栄と魂の救いのために、聖旨《みむね》のままに使用し給わんことを乞い願い奉る。

幸いなる御母よ、御身より引き離すを許し給わざれ。御身のものとして守り結え。アーメン」

これは、わたしたちの会の祈りでありましたので、わたしもその言葉に引き込まれ、跪いてその声に合わせて唱えました。この祈りの言葉に続いて『すべての民の母』の祈りが聞こえてきました。

「御父の御子なる主イエズス・キリストよ、御身の霊をあまねく全世界につかわし給え。しかして聖霊がすべての民の心に宿り、退廃と凶災と戦争から彼らを守らしめ給え。すべての民の御母が、われらの擁護者ならんことを。アーメン」

やがて、それらのすべての光景がわたしの前から消え失せました。その後もなおかつわたしは跪いて祈り、どれくらいの時間が経ったのか、Dさんに肩を叩かれて我れに返り、それからルルドの聖歌をうたって礼拝を終えました。

血

痛む左手のひらに十字形の傷が

司教様のわたしに対する導きの言葉の中に「他人に話してはならない」というさとしがありましたので、一緒に祈ったDさんにも、それらのできごとのすべてについて、沈黙を守りました。

ところで前日、**六月二十八日**木曜の夕方の聖務の祈りのときから、ふしぎにもわたしの左手の掌の中が疼《うず》きはじめていたのです。それはこれまでに経験したことのない痛さであり、どうしたことかと思っていました。

それはその後もずっと続き、聖体礼拝中にもありました。

わたしの左手のたなごころが、あまりにも痛み疼《うづ》くので、礼拝を終えて聖堂から外へ出たときそっと開いてみますと、くっきりと十字架の形が現われ、赤くミミズばれのように腫《は》れあがっていました。

ああ、どうしたことか――　それを見て、自分は罪深い人間であるに違いない、としみじみ感じました。

礼拝のあと、司教様がわたしたちのところから帰られるとき「何かありましたか？」と聞かれましたので、きのうきょうの不思議な現象についてとありのままをお話ししましたが、自分の左手の痛さや傷については、余りにも罪深い自分を思って恥かしくなり、何も語りませんでした。

この十字の傷は、横が二センチ、縦が三センチもあって、小さなわたしの手には非常に大きく見えました。常に痛みと疼きを感じ、時には血が吹き出る状態が、それから一カ月近くも続くのです。

七月五日（木曜日）、この日も午前八時半から十時まで、御聖体の礼拝がありました。この時もDさんと二人でロザリオの祈りを唱え始めますと、天使のようなお方がそばに現われて、一緒に祈りを唱えてくださいました。おかげさまで心からの祈りができ、感謝の心でいっぱいになりました。
この日は夕方の六時から、聖務日課をEさんと一緒に唱えました。ちょうど祈りの半ばくらいまで来たときわたしは例の左の掌の中に、なにか錐で穴でもえぐり開けられるような激しい痛みを感じ、われ知らず悲鳴を上げそうになりました。それでも、大事な祈りの途中でしたので、ぐ

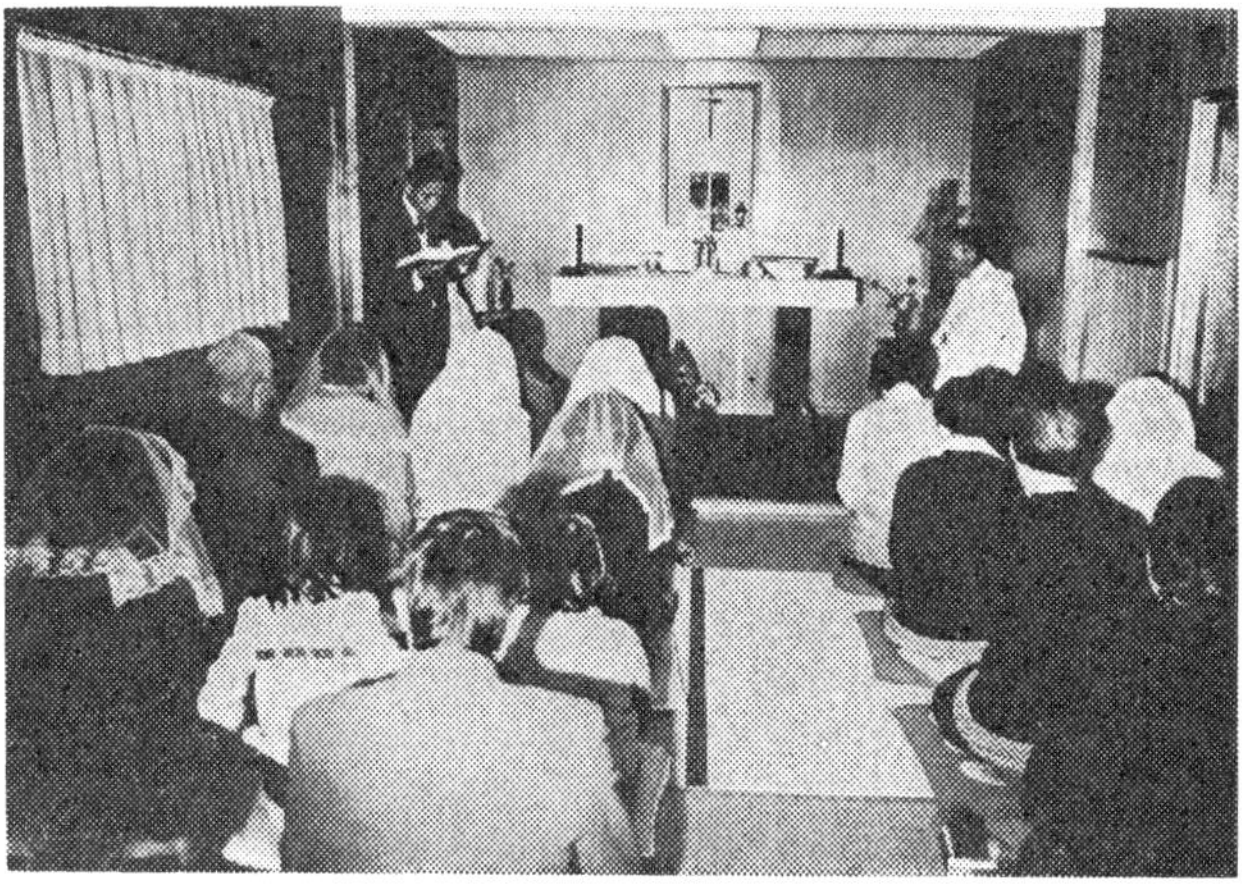

日課の祈りの最中に……

っとがまんして、最後まで唱えました。

聖堂の中に誰もいなくなってから、左手の傷はどうなったのかと思って、そっと開いてみようとしましたが、激痛が伴うので、初めはそれができなかったのです。外に出てよく見ると、一週間前の木曜日、聖心の祝日の前日の夕方からできた傷が痛み、血がにじんでいました。その痛さといえば、錐をもみ込むようで、油汗が身体全体ににじみ出てくるのを感じました。わたしはその痛さに耐えながら、自分の罪の深さを思い知らされているようで「主よ、憐れみ給え」と罪を悔いて祈り続けました。

すでに食事が準備されていましたけれど、夕食をとる気になりません。しかしわたしのことで姉妹たちがあれやこれやと心配する余り、何か知られては困ると思い、やっとの思いで、平常どおりを装って少し食べました。そのあと、夕食の後片づけだけはどうしようもなかったので他の方たちにお願いし、自分の部屋に引き下がりました。

左手の傷は、その後も相変わらず痛み続け、きりきりと痛むたびごとに、真赤な血が吹き出してきます。わたしはそれを見ながら自分の罪の深さと恐しさを思い、身にしみてイエズス様の十字架の御苦しみを思い浮かべ、黙想しました。苦しみを耐えるには、そうでもしなければどうしようもなかったからです。このようにじっとしているうちに、もしも自分の弱さのために耐えられなくなっては困ると思い、その痛さから少しでも逃がれようと、気をまぎらすためにバッグ編みを思いつき、一針一針心をこめて編み始めました。

その日は、わたしたちの長上であるIさんとDさんが、町に外出していました。「遅くなれば支部に泊まってくる」と言っておられましたが、お二人はその夜のうちに帰って来られ、Dさんはわたしの部屋をノックして入ってこられました。彼女は入ってくるなりわたしに、

「ね、何か変わったことはありませんか。それが気になってどうしようもなく、泊まる気にもなれずに帰って来ましたよ」

と、祈るような真剣な目つきで、わたしの顔をのぞき込まれます。

わたしはそれを聞いてびっくりしてしまい、ちょうど耐えられない痛みに襲われていましたので、それを隠すこともできず、やっとの思いで手を開いて見せました。そして、

「この傷が夕方から痛み出していますので、どうしようもなくこうしているのですが、どうぞ耐えられるようにお祈りください」

と頭を下げました。お二人が夜おそく帰ってこられた――それが霊感というものなのでしょうか。

わたしの傷をのぞき込んだDさんは、

「やっぱり、なんとなくそのような気がして…… 帰ってきてよかったわ。わたしたちの目上のAさんを呼んできましょうね。手当てもしなければならないし、痛いでしょうけれども、聖主のお苦しみを思って、がまんしてくださいね。わたしたちの分まであなた一人に負わせてごめんなさいね」

と言って出て行かれました。やがてAさんも来て「どれどれ、見せなさい」と言いながら、わたしの手を見て「ああ、これは痛そうね。ガーゼと包帯を持ってきて、手当てしましょう」と、そそくさと取りに出て行かれました。

この夜、わたしは黙って独りで我慢するつもりでいたのですが、わたしの意志ではなかったと

はいえ、何となしに、DさんやAさんに知られてしまいましたので、何ごとも思召しのままに任せて、傷にガーゼを当てていただきました。そのあと、お人は「お休みなさい」と申され、それぞれの部屋に引きあげて行かれました。そのときちょうど九時を過ぎておりました。

わたしたちの住む山の本部では、九時といえば就寝時間なのです。

≪この日に関するD修道女の証言≫

六月三十日、聖体の祝日から一週間ちょっとおられた司教様が帰られてから、笹川さんはわたしに初めて、自分の左手の平に現われた十字の印の傷を見せてくれました。それはタテ二・五センチ、ヨコ一・五センチくらいの傷で、赤い水ぶくれ状に腫れあがっていました。見るからに、いかにも痛そうな傷でした。彼女はこわごわと手を開きながら、

「どうしてこんなものが出たのしょうか。きっとわたしが罪びとだからでしょう」

と苦痛に満ちた表情でした。わたしは「どうして昨日のうちに司教様にお見せしなかったの?」と、きつくとがめました。でも彼女は「こわくて……」と言うばかりでした。

わたしは、少し経過を見てから司教様に電話をしようと思い、以後この傷を姉妹の誰にも見せぬように、話さぬように、と勧めました。

七月五日（木曜日）、町のある婦人から夕食に招かれていましたので遅くなればその晩は支部に泊るつもりで出掛けましたが、どうしたことか、笹川さんのことが急に気にかかり、山に帰ることにしまし

た。

帰ってすぐ、笹川さんの部屋に入ってみると、彼女はベッドに腰をかけて、編み物をしていました。わたしを見るなり、「あまり痛いので、編み物をしています」と言い、涙をいっぱいためて、「わたしの手がこうなったのは、わたしの罪が深いからかしら」

と心を痛めております。わたしは、それが聖主からのおくりものであることを直感し、彼女をいたわり慰めて、傷のために気を配りました。今までAさんには、これらのことを何も言わないでいましたがやはり会長代理の長上なのだから、こうも表面に現われ始めた以上お知らせした方がよいと思い、これまでのことを打ち明けました。それからAさんと二人で脱脂綿やガーゼなどで手当てをし、「夜半に余り苦しいようだったら、わたしたちを起こすように」と申し置いて部屋を出ました。

その晩、わたしはベッドで横になって寝ようとしましたが、ときどき手の中が激しい痛みにおそわれてどうしようありません。そのたびに血が傷口から吹き出て、ガーゼや脱脂綿に滲み出ていました。今まで痛んだこともなかった肩の手術の古傷までがともに痛むようで、眠れないまま自分の罪の深さを恐れたり、痛悔したりし、自責の念にかられながら、

「主よ、罪深いわたしを、おゆるしください。至聖なるイエズスの聖心よ、われらを憐れみ給え」

とひたすら祈りつづけておりました。夜半をすぎても一睡もできず、臥《ね》たり起きたりを繰り返していましたが、三時頃にまたガーゼを交換して祈っていましたら、突然どこからとなく、「恐れおののくことはない。あなたの罪のみでなく、すべての人の償いのために祈ってください。今の世は、忘恩と侮辱で、主の聖心を傷つけております。あなたの傷よりマリア様の御手の傷は深く、痛んでおります。さあ行きましょう」

という声と一緒に現われたのが、あのロザリオの祈りを一緒に唱えてくださった美しい女の方の姿でした。

わたしは我れを忘れて、そのお方をじっとみつめました。その方の容貌は、洗礼をうけて数年前に亡くなったわたしの姉によく似ているように見えましたので、思わず、「お姉さん」と声に出して呼んでしまいました。ところがその瞬間その方はニッコリとほほえんで頭を横に振り「私は、あなたについていて、あなたを守るものです」と言われ、わたしの前に立って部屋を出られました。わたしも自然にその方に引き立てられるように、そのお方の後について部屋を出ました。そして、かなり距離のある廊下を通って聖堂へと導かれ、そこへ足を踏み入れると同時に、そのお方の姿も消えて、見えなくなりました。

わたしは祭壇に向かって礼拝の挨拶をし、そのままマリア様の御像の後手を見せていただこうと思って、祭壇の右側の方に一歩足を上げました。その瞬間、木彫りのマリア像が話しかけてきたように感じ、びっくりして足をひきとめ、その場に跪き、倒れ伏して、顔さえ上げることができなくなりました。次の瞬間、極みなく美しい声が、わたしの聞こえなくなっているはずの耳に響きました。

「わたしの娘よ、わたしの修練女よ。すべてを捨てて、よく従ってくれました。耳の不自由は苦しいですよ。きっと治りますよ。忍耐してください。最後の試練ですよ。手の傷は、痛みますか？　人々の償いのために祈ってください。ここの一人ひとりが、わたしのかけがえのない娘です。聖体奉仕会の祈りを心して祈っていますか？　さあ、一緒に唱えましょう」

祈りを唱え始めたとき、あのロザリオを共唱された方が現われ、今度も一緒に唱えてくださいました。「御聖体のうちに、まことに在すイエズスの聖心よ……」と全部唱え終ったとき、

「教皇、司祭、司教のために、たくさん祈ってください。あなたは、洗礼をうけてから今日まで教皇、司教、司祭のために祈りを忘れないで、よく唱えてくれましたね。これからもたくさん、

たくさん唱えてください。今日のことをあなたの長上に話して、長上のおっしゃるままに従ってください。あなたの長上は、いま熱心に祈りを求めていますよ」

とその美しい声の主はおっしゃり、

「御父の御子なるイエズス・キリストよ、御身の霊をあまねく全世界につかわし給え。しかして聖霊がすべての民の心に宿り、退廃と凶災と戦争から彼らを守らしめ給え」

という祈りを、ロザリオの祈りを一緒に唱えてくださったあの方と共に、唱えてくださいました。唱え終ると同時に、その美しいきれいなお声も、あの方の姿も、もう見えませんでした。

しばらくしてからわたしは我れに返って頭を下げ、守護の天使がいわれたとおりマリア様の御像の手に傷があるかどうかを、自分の目で確かめようとして立ち上がった時、隣りの席に跪いて祈る姉妹会員がいることに気がつき、見に行くことをやめて、そのまま自分のいつもの席に戻りました。時計をみると、ちょうど朝の五時十分でした。

いったい、わたしはどれだけの時間ここにいたのだろうか、と考え、部屋を出た時の記憶を静かにたどってみました。それは確かに午前三時半すぎだったような気がします。

この日は、七月の初金曜日でありましたが、わたしたちのところではミサがなかったので、朝食の後、教会のミサに与かるために、他の姉妹たちと一緒に車に乗って出かけました。わたしはずっとマリア様の木像の手に傷があるかどうか、確かめてみたい気持ちがいっぱいでしたが、それを抑えて外出しました。

車の中でも手の傷は相変わらずきりきりと痛んでおりました。町の教会に着いてみますと、あいにくその日はミサがありませんで、他の修院であるとのこと。そこでわたしたちは、そちらへ行って与りました。ミサが終わるとすぐ、また車でわたしたちの本部である山へ帰りました。

「あなたの傷より、マリア様の御手の傷は深く痛んでおります」と、夜中にはっきり知らされていましたので、わたしはずっと朝からそのことが気になっていましたが、だからといって、人々の前でそれをマリア像の上に確かめるために見に行く勇気もありませんでした。しかし黙っていてこころが安まるはずもなく、とうとうたまりかねて、わたしは長上であるDさんにお願いし、「申しわけありませんが、聖堂へ行って、マリア様の御像の手に、傷があるかどうか、見てきてくださいませんでしょうか。わたしはこわくて見に見けません」

と、手を合わせるようにして依頼しました。

このことは、司教様に申しあげるまでは沈黙すべきだと思ったのですけれども、しかし見なければ、ほんとうは傷があるかどうかも分かりませんので、司教様にお知らせするにしても、それを確かめておく必要があると思ったからです。またDさんは、司教様によって任命されたわたしの長上であり、もう既にわたしの手の傷のことを知っておられましたので、司教様もそのことをお許しくださる、と自分のこころに弁解していたようです。わたしは自分の部屋に入って、Dさんが戻って来られるのをじっと待っていましたが、いくら待ってもDさんが戻られる様子がなく、ついに待ち切れなくなって、わたしもこわごわ聖堂へ行ってみました。

ところがDさんはまだ聖堂におられ、目からいっぱい涙を流して、マリア像の前に跪き、両手を合わせて祈っておられるではありませんか。わたしが入堂しますとようやく気づき、手招きでわたしを呼び寄せられました。

ある、ある、ある。マリア様の右の手のひらに、傷がついておりました。しかもそれは、わたしの手の傷と同じ形です。深く、ほんとうにいたいたしく、血がにじみ出ているのが目につきました。わたしはただ、恐れおののいてその場に平れ伏しました。『これはいったいどうしたことでしょう』と思い、言葉も出ませんでした。Dさんの顔は相変わらず涙でぬれていましたが、わたしはただ驚きの余り涙もなく、天使の言葉の真実と、マリア様のお言葉に打たれておりました。

神に対する忘恩と侮辱をお悲しみになってのマリア様の御傷でありましょうか。わたしたちの改心と償いを求めての御苦しみなのでしょうか。今こそすべてをゆだねて、マリア様にお縋《すが》りし、祈らねばならないと深く心に思いました。長上であるDさんに話したので精神的にはほっとした感じですが、わたしの手の傷は、幾分か痛みも和らいだようなものの、やはりまだ底の方できりきりと痛んでおりました。

このときDさんは「これはやはり目に見えている確かなことだから、他の姉妹たちにも、改心のために話したほうがよい」と言って、マリア像を離れ、外へ行かれました。わたしは『まだ司教様に知らされていないことだから、困ったことになった』と感じる一方、Dさんがそのように判断したなら仕方がない、とも思いました。

やがてCさんが呼ばれて来ました。彼女はマリア像の傷を見るなりびっくりし、その場に平伏してしまいました。夕刻にはAさん、Fさん、Gさんにも、Dさんが話されたようです。姉妹たちがわたしを呼んで「手の傷を見せてあげなさい」と申されますので、そのとおりにしました。わたしの内面的なことは何もいわず、普段のように装って「罪深いわたしのためにお祈りください」とだけ皆さんにお願いしました。

『七月六日初金曜日』についてDさんの証言

その日笹川さんはいつもより早く起きたようで、わたしが聖堂へ行った時にはすでにマリア像の前に平れ伏していました。その後町（秋田市内）の修道院の御ミサに与ってから帰ってみると、玄関で笹川さんがつぎのように申しました。「マリア様の像に何か変わったことがないか、見てきてください。今朝、マリア像についていわれたことがあり、心配なのです」

わたしはそれを聞いてすぐ聖堂へ行き、マリア様の木彫の像の前に立ってみると、右の手のひらに黒々とした十字の印がついていました。それは細いマジック・ペンで描いたようにも見え、タテ一・五センチ、ヨコ一・三センチくらいのものでした。わたしはとっさに自分の罪深いことを考え、平れ伏して涙を流し、声を出してゆるしを乞いました。

わたしがあまり戻らないので不審に思った笹川さんが入ってきました。早速その状況を見せましたら、おそれ驚いた様子でした。暫くたってから、わたしはCさんを呼びに行き、その事実を見せ、沈黙を守るように言いました。

わたしはそれから何回もお参りし、午後三時ごろには、マリア様の御手の十字の印から流れた血が乾いているのを発見し、笹川さんやCさんにも教えました。

Aさんが町から帰ってこられましたので、ことの成り行きを知らせ、御像の前に案内しました。「これ（十字形の傷）は前からあったのではないか」と聞かれましたのでわたしは「マリア像を二カ月もかかってデッサンしていましたので、御像のすみずみまでよく知っておりますが、以前にはありませんでした」と証言しました。

初めて見る人たちは、Cさんを含めて、すこし疑い、ためらっているようでした。かわるがわる姉妹たちは見ている様子でしたが、互いに話し合うことは厳禁されていたので、その日の食卓では話題にのぼりませんでした。これが神のお恵みであり奇跡であるとすれば、軽はずみなおしゃべりによって神秘が汚されることを恐れましたし、また司教様によって禁じられていることでもあったからです。

Cさんの証言

「聖堂の聖母像の、右の手に十字形の傷ができている。司教様にはまだ話してないけれども、時を移さず見るように」とDさんに言われて、わたしはすぐ聖堂へ行き、聖母の御像の右手を拝見しました。

十字形の傷が手に、確かにありました。タテ、ヨコそれぞれ一・六センチから一・七センチ程度、黒のボールペンで記しでもしたかのようなもので、線上に二カ所ほど、ちょっと濃い点がありました。いかにも暑いときボールペンのインキがむらになったというふうなのです。Dさんが、「針の穴のようなところから、血の吹き出るのを見ました」と申されたのは、この点からのことだったのではないか、と思いました。

自然の目で見ればまるでボールペンで書いたようなものですが、信仰の心でみつめる時に、深くまた遠くから満ちてくる静かな感動がありました。一般に物理的観察の意識が強く働く私ですが、それはそれとして、そのときは信仰の心で平れ伏して、祈らせていただきました。

いったん食堂に戻り、三十分か一時間くらいたってから再び聖堂に行き、マリア像の前に跪いてみました。今度は御手の傷がはっきり変化していました。十字形の大きさは前と同じでしたが、単にボールペンのにじみのような感じはなく、肉体に彫られた傷のそれでした。十字形の周囲は人間の肌そっくりで、一ミリくらいの指紋のような、皮膚の目さえ浮き彫りになっています。この時、手が生きている、と思いました。そして深く驚くとともに、この変化は、信じきれないでいる自分への聖母の忠告ではないか、と強く感じました。

この日、御手は何回も変化しました。Dさんから「御血が流れました」と知らされ、急いで聖母像を見に行きましたが、血はあたかもその傷口から流れ出たように下方に流れており、まわりにまでにじんでいました。やはり木に血がにじめば、このようなものかと思われるほどでありました。

Fさんの証言

七月の初金曜日午後六時頃、勤め先の学校から帰宅すると、Dさんがマリア像の手の傷について教えてくださいました。近寄って拝見してみると、木像の右手のひらの真ん中に、二センチから一・五センチくらいの長さで、はっきりと十字架の形に鋭利な刃物ようなもので傷が刻まれていました。以前、その手の部分に十字架の印がなかったことは確かです。私は五年くらいずっと香部屋の係を担当していましたので、マリア像を布でふいた経験もあって、間違いはないのです。

その晩、また聖堂で、笹川さんの左手の傷を見せてもらいました。それは赤い十字架の線で、痛そうに思われました。

会長代理Aさんの証言

七月五日の木曜日、町の教会にいると、Dさんが山（本部）から来て、笹川さんの手の傷のこと、それが痛むことを伝えて参りました。伊藤司教様はそれを聞いて、お医者に診てもらい治療してもらうように、と申されたそうです。

その晩、Dさんと二人で山へ帰り、笹川さんの部屋に入って、手の傷を見せてもらいましたが、それは水ぶくれのような、十字架の形の傷でした。夜半に血でも出たら困ると思い、綿で包帯してあげました。

翌金曜日の夕方帰ってきて、マリア像の手の中に、十字架の傷ができ、血がしみ出ているのをDさん、Cさんと一緒に見ました。それは午後の六時頃でした。

平静を装うことに精いっぱいの日々

この出来事に関して、皆さんは沈黙を守り、各自マリア様への信心を励んで祈っておられるようでした。そうこうしているうちに、次の木曜日、**七月十二日**の晩の「聖務日課の祈り」の時間になりました。

聖堂へわたしが入って行くとAさん、Dさん、Cさんが、マリア像の前で、一生懸命祈りをしておられました。Dさんが、わたしを見るとすぐ手招きで呼びよせられるので、恐るおそる側へ近よりました。

「ほうら、マリア像の手からまた血が流れて、にじみ出ているのよ。まだぬれている手のひらをごらんなさい」

指差されるところを見ると、ほんとうに赤い血が、木彫のマリア像の手のひらから流れ出て小指のところまでにじみ、血に染まっています。この前よりもびっくりして、わたしは言葉も何も出ませんでした。

その頃から、わたしの手の中の傷もまた痛み出していました。以前に血がにじみ出た時のような鋭い痛みではありませんが、それでもきりきりと痛むのです。

翌七月十三日（金曜日）には、わたしを含めて四人で、マリア様の御像の手の傷から出る御血を見、わたしの心は恐れと驚きでいっぱいでありました。それは流れ滴たり落ちるほどではありませんでしたが、拡げられた手のひらの小指のところまで、赤く流れていました。

これらの不思議な出来事の連続のために、わたしは平静を装って普段と変わりなくその日その日を送るのが精いっぱいで、大変な努力と犠牲を必要とする日々となりました。くる日もくる日も『主よ憐れみ給え、われらを憐れみ給え』と心の中で連発しておりました。このような心の動きや苦しみは、人にはとうてい理解してもらえないことでしょう。

七月二十四日、水曜日の午前十時半頃、約一カ月ぶりで司教様がわたしたちの山へ来られました。Dさんとわたしがお迎えして、お茶の準備をして持って行きましたら、司教様はやさしく思いやりのある口調で、「お元気ですか」と尋ねてくださいました。わたしはいつもと変わりなく「はい」と答えました。Dさんが、マリア像に傷のできたこと、血が流れ出ていること、わたしの手の傷のことなど、この一カ月間に起った一切の不思議な現象について、いろいろと説明申し上げました。

司教様はそれらの一つ一つをうなずいて聞いておられましたが、わたしに「手を見せてごらん」と申されましたので、恥ずかしかったけれども、手を開いてお見せました。その時は、傷は小さく十字の形で残っていましたが、血も流れておらず、きれいに見えました。司教様は眼鏡をはずして注意深くごらんになり、それからしばらくしてから、Dさんと二人、聖堂のマリア像の手の傷を見るために行かれました。

その日の午後、四時頃になって、司教様に呼ばれ、今までのことを話してみなさいと言われましたので、わたしの身に起きたこと、マリア像についてのできごとを一部始終、増し減らしなく順を追って話しました。幸いに、わたしは記憶の鮮明なうちに、それらの事情を忠実にメモしておりましたので、ほんとによかったと思いました。このメモは、わたしが計画的に意図して作ったものではなく、むしろわたしの知らない、神秘的な衝動によって書かれたもののように覚えています。このメモによって、正確に、長上である司教様に伝えることのできた喜びは、わたしにとって格別のものでした。人に真剣な祈りが伴なうときには、神の計り知れない摂理のもとにあることを知って、感謝の心で一杯になったものです。

この日の夜八時過ぎ、もう一度司教様に呼ばれて尋ねられましたので、同じことを繰り返して申し上げました。

濃い多量の出血が痛々しくて

七月二十五日、水曜日。午前十時すぎに、また司教様に呼ばれて、部屋に参りました。すると前日同様に聞かれましたので、繰り返し同じことをお答えしました。自分の修練長であるDさんにも誰にも申し上げていない細かいことまで、洗いざらい全部申し上げましたので、わたしの心は、それまでになく軽く、晴ればれとなって、あとは司教様のご指導をいただくのみと、いい知れない安らぎを覚えました。このとき司教様は静かに、前と同じように次のことを申されました。

「私にのみ現われた特別な現象だ、私は特別なんだ、と思うような心を持たないように。高慢な心を持たないようくれぐれも気をつけて、謙遜になるように」

それが司教様のご指導でした。わたしは、それらの言葉を聞いて、大変大変恥ずかしく思いました。なんの取り柄もないわたしが、特別だなんてとても考えられたものではないし、むしろ一番罪深いものだとしか思われず、このような償いのわざがわたしに与えられているのも、当然のことと思っていたからです。

司教様の前で心の底から平れ伏して「わたしのために祈ってください」といいたい思いでいっぱいになり、やっとのおもいでお導きとお祈りを願いました。司教様は「はい、わかりました」と、温かいお言葉をかけてくださいましたので、平安と感謝の心に満たされてその場を引き下りました。つねに自分を責めながらも、どこか心の底から平安の温かさが漂ってくるのを私は覚えました。それがお恵みというものなのでしょうか。

七月二十六日木曜日、聖アンナの祝日。午後五時からミサが行なわれましたが、この日はまたFさんの誓願更新の日でもありました。午後の三時過ぎ、Fさんがわたしの部屋に来て、「Dさんを探しているのに見当たらないの。どこにいらっしゃるのでしょう」と尋ねました。

そこで聖堂へ行ってみると、司教様とAさん、Dさんの三人がロザリオの祈りを熱心に唱えておられましたので、ちょっとためらいましたが、思い切ってDさんを呼びました。ところが、Dさんは涙をいっぱいためて、

「また、マリア様のお手から血が流れていますよ。きょうの血は前よりもたくさん出ていて、濃くてまことに痛々しい血です。わたしのかわりにあなた、祈っていてくださいね」

といい置き、そそくさとFさんのもとへ出て行かれました。わたしはそれを聞いて、ただ呆然となってしまい、暫くの間、祈りの言葉さえ出ませんでした。恐ろしくて、マリア像の前へ行く

ことができません。

ややあって気を取り戻し、Aさんのロザリオの祈りにやっと唱和することができるようになると、わたしの左手の掌がキリキリと痛みはじめました。今までは毎木曜日の夕方の聖務の時から痛みが始まっていたのに、きょうは時間が少し早いので、どうしたことかと、その痛さをこらえながら祈っておりました。

五時ちょっとすぎにミサが始まり、ちょうどFさんの誓願更新の祈願文を唱えている時でした。わたしの手の中に耐えられないほどの痛さに襲われ、わたしはすんでのところで悲鳴を上げそうになりました。血が吹き出して、手の甲まで錐か釘で穴を打ちあけられるような感じです。全身の力をふりしぼってやっとこらえていると、額に油汗がにじんできます。次の瞬間、『マリア様、助けてください』と思わずメダイに取りすがりながら、イエズスの十字架の苦しみをしのんで、ぐっとこらえました。

それはほんのちょっとの時間でしたけれども、その痛さを耐える一瞬の長かったことを、身にしみて深く感じています。聖体拝領のとき、姉妹の皆さんは手で頂きましたけれども、わたしだけは痛さのために手を開くことさえできませんでしたので口で拝領しました。その日はわたしが聖務日課の先唱の番でありましたので、やっとの思いで唱えましたが、終わってみると全身が汗

秋田の出来事に司教団も戸迷いがちで……

でびっしょりぬれておりました。

夕食は賑やかなパーティーでした。わたしの左手はずっと痛んでおりましたが、もう聖堂にいるほどの痛さではありませんでした。食後、司教様に呼ばれましたので、応接間に入り、ミサ中のできごとと、その前から傷が痛み出していたことなどを、すべてあからさまに話しました。わたしの手の傷を、司教様に見せようにも、痛くて開くことさえできないほどで、やっとのことで開いてお見せすると、

「ああ、痛そうですね。これは手の甲まで突き抜けるかも知れませんよ」

と、いたわりの眼差しで、のぞいておられました。

この晩は、初金曜日の夜のように血の出る傷の

痛さで一睡もできず、床の中で左手をかばいながらロザリオの祈りを唱えたり、部屋を掃除したりして、身体を動かしていないと耐えられないほどでありました。翌朝、聖堂へ行く時間になりましたので参り、よく声の出ないままに聖務日課を唱えました。朝の六時にミサが始まりました。聖変化の時になると、手の傷がまた耐えられないほどの痛さに変わり、血が傷口から吹き出した感じで、手の甲まで痛さが突き刺さってきました。

ミサが済んだので外へ出て、手を開いて傷を見ると、血が出ています。それを拭きとることもしないで、すぐに司教様のところへ行ってお見せしました。ちょうどFさんが玄関を出ようとしていましたので、彼女もその血をのぞき込みました。司教様が彼女に、「あなたの奉献のために流された血のようですよ」と申されると、彼女は「ああ……　痛そうですね」と答えました。

その日のうちの丸半日は特に痛みをおぼえ、好きな編み物も書くことも読むこともできないほどでしたので、聖主の十字架と苦しみの黙想に時を過ごしました。

前夜一晩中眠れませんでしたので、午後からちょっと横になって休もうとしましたが、痛みはひどくて、休むどころか、寝たり起きたりの繰り返しとなりました。二時半頃になると、もの凄い激痛におそわれ、このままでは耐えられないと思って、聖堂へ駆け込んでみましたら、姉妹の一人Gさんが祈っていました。痛みに耐えかねてわたしがたたみの上にうつ伏せになっていると、あのロザリオの祈りを共に唱えてくださったきれいなお方（天使）の声が聞こえてきました。ハッとして気を集中させますと、それは次のような言葉でした。

「その苦しみも、今日で終わります。マリア様の御血の思いを大切に、心に刻んでください。マリア様が御血を流されたのには、大事な意義があります。あなた方の改心を求め、平和を求め、神様に対する忘恩、侮辱の償いのために流された尊い御血です。聖心の信心と共に御血の信心も大切に。すべての人たちの償いのために祈ってください」

傷の痛みをこらえているわたしの顔をのぞき込むようにして、その方はえもいえぬいたわりの眼差しで、私を見つめておられました。それを見てもわたしは恐れおののくばかりで、返事の言葉も出ません。

そのあと、

「御血が流されることは今日で終わることを、あなたの長上に話しなさい。あなたの痛みも今日で終わりますよ。

今日のことを長上に話しなさい。長上はすべてのことをすぐ解ってくれます。そしてあなたは長上の指示に従いなさい」

とほほえむような表情で話し終えて、その方の姿は見えなくなってしまいました。

わたしは守護の天使に何かを話せばよかった、と思いましたが、もうそこにはあの方の姿はありませんでした。その声を聞いた瞬間から、あれほど痛んでいた手はまるで別のでもあったかのように、その痛さも血も、ぬぐい去られていたのです。

そっとわたしは顔を上げて、マリア様の御像を眺めましたら、御手の傷から血が流れて濡れているようでした。けれどもこわくて、そばへ行ってそれを確かめる勇気はなく、Gさんにそれをお願いして、わたしは部屋へ戻りました。

玄関まで行くと、かねて注文しておいた絨緞《じゅうたん》が届いたというので、Cさんを手伝って部屋に敷いているところへ、Gさんがやってきて彼女もそれを手伝ってくれました。Gさんと二人きりになったときそっと聞いてみましたら、やはりマリア様の御血は新しく流れ出ており、

「その血を、わたしの指につけて、司教様にお見せしようとして来たんですが、ここで手伝っているうちに、なくなってしまいました。行かないでおくわ」

と言います。そのときは、近く二人で立てる誓願のことについて、一時間近く部屋で語り合いました。

その日は、司教様にその血を見せることができなかったので、まことに申しわけないと心の中でお詫びしました。司教様は部屋にこもって何か書きものをしておられましたので、お心を騒が

せてもいけないと思って、何もお知らせしませんでした。

Fさんの「出血現象」についての証言

一番印象に残っているのは、七月二十六日（木曜日）、午後二時過ぎ、祭壇の花を飾り、ミサの準備をしているとき気がついたのですが、今までになく大きな血のかたまりみたいなもの、黒味がかかった赤色が像の手に見られたことです。すぐに台所にいたCさんに知らせ、確かめてもらい、三時頃には司教様をお呼びして見ていただきました。

七月二十七日（金曜日）の朝、玄関で司教様に「こんなふうに血が出るんですよ」と言って手のひらをお見せしている笹川さんを見ました。偶然の通りがかりだったので、ちらりと脱脂綿ににじんでいる血を見ましたが、それは鮮血でした。七月中、特に木曜日の晩から金曜日にかけて傷が痛み、それもキリで刺されるような痛みで、血が流れていたようです。そのため、食卓の後片づけを彼女は免除されていました。

聖母像の汗と告げと芳香

その声は極みがたく美しく

七月二十八日の土曜日、朝六時半からミサが行なわれ、手の傷は痛くなかったのですが、血の吹き出た穴が、まだあいていました。わたしは絆創膏を傷口に貼っていましたので、その日はその手でご聖体を受けました。

九時過ぎ、司教様から呼ばれてお部屋に参りますと、いろいろと尋ねられ、自分からも出来事についてお話し致しました。「聖体奉仕会の祈り」のある箇所について〝出現者〟から「ご聖体の中に〝まことに〟ましますイエズスの聖心よ」と「まことに」という語句を入れるようにと、注意されたことを、何回も繰り返して報告しました（はじめの祈りには、その言葉が抜けていましたが、今では入れられております）。

司教様は「今度その方が現われたら、次のことを尋ねてみなさい」といわれました。

(1) 私たちの会（の存在）を、神様がお望みであるかどうか。

(2)　また、このままのかたちでよいのかどうか。
(3)　在俗であっても観想部が必要かどうか。
の三点でした。

八月三日（金曜日）、司教様から与えられた質問の課題は、わたしにとって重荷でもありましたが、毎日そのチャンスが与えられることを願い、神様の聖意《みこころ》のままに、と祈るのみでした。神様のお望みは、わたしたちの考えとは全く別のことであるかも知れませんし……

一週間目の初金曜日には、聖体の前で、普段より少し長めにお祈りしていました。午前中は何事もなく、お祈りのあと二階の部屋で少し仕事をしました。午後二時頃、初金曜日でもあるし、イエズス様のご受難をしのんで黙想し、ロザリオを唱え、一時間余りも聖堂で過ごしたでしょうか。その日は珍しく、守護の天使も一緒にロザリオの祈りを唱えてくださいました。今日こそ司教様に頼まれた重大な質問を尋ねてみなければならない、と心の中で考え、そのお恵みを祈っておりました。するとわたしの願いが通じたのか、聖堂でそのお恵みのチャンスが与えられました。

守護の天使がわたしに、

「何か尋ねたいことがあるでしょう。さあ、遠慮なく申しなさい」

と小首を傾けてほほえんでくださったのです。わたしは唾をのみながら、恐るおそるお尋ねしました。その時、また前と同様に、マリア様の御像の方から、極みがたい声が聞こえてきたのです。

「私の娘よ、私の修練女よ。主を愛し奉っていますか。主をお愛しするなら、私の話を聞きなさい。

これは大事なことです。そしてあなたの長上に告げなさい。

世の多くの人びとは、主を悲しませております。私は主を慰める者を望んでおります。天の御父のお怒りをやわらげるために、罪人や忘恩者に代って苦しみ、貧しさをもってこれを償う霊魂を、御子と共に望んでおります。

御父がこの世に対して怒り給うておられることを知らせるために、御父は全人類の上に、大いなる罰を下そうとしておられます。御子と共に、何度もそのお怒りをやわらげるために努力しました。御子の十字架の苦しみ、御血を示して御父をお慰めする至愛なる霊魂、その犠牲者となる集まりをささげて、お引きとめしてきました。

祈り、苦行、貧しさ、勇気ある犠牲的行為は、御父のお怒りをやわらげることができます。あなたの会にも、私は望んでおります。貧しさを尊び、貧しさの中にあって、多くの人々の忘恩、侮辱の償いのために、改心して祈ってください。聖体奉仕会の祈りを心して祈り実践して贖罪のために捧げてください。各自の能力、持ち場を大切にして、そのすべてをもって捧げるように。

在俗であっても祈りが必要です。もはやすでに、祈ろうとする霊魂が集められております。かたちにこだわらず、熱心をもってひたすら聖主をお慰めするために祈ってください」

（暫く間をおいて）

「あなたが心の中で思っていることは、まことか。まことに捨て石になる覚悟がありますか。主の浄配になろうとしている私の修練女よ。花嫁がその花婿にふさわしい者となるために、三つの釘で十字架につけられる心をもって誓願を立てなさい。清貧、貞潔、従順の三つの釘です。その中でも基は従順です。全き服従をもって、あなたの長上に従いなさい。あなたの長上は、よき理解者となって、導いてくれるでしょうから」

それは全く、えもいわれず極みがたく美しい声で、天からのものとしか思えませんでした。その御声が消えると同時に、わたしの側におられた天使の姿も見えなくなってしまいました。わたしは、前と同様、一言も発しないまま、ただ平れ伏して、一言も聞きもらすまいと全身を耳にして、聞いておりました。

あとは静まりかえった聖堂で、ただ一人、暫《しばら》く自分を忘れて祈っていました。早くこのことを司教様に伝えなければならないと、と思い直し、部屋に帰ってペンを取りましたが、先ほどの美しい声が心の中に深く泌み込んでいるようで、その甘美さからさめやらないままに、わたしの霊魂の記憶を書き綴りました。

一言一句書き落さないように、祈りながら一生懸命に書きました。これらの言葉の中に司教様の質問への答えも全部あるようでした。またその後、司教様が誓願のためにおいでになった時、改めて全部口頭で申し上げました。

悪魔の誘いを初めて体験

八月四日。聖ドミニコの祝日にあたりますが、わたしたちの山の聖堂では、当時司祭がおられませんでしたので、ミサはありませんでした。この日夕方、聖務のために聖堂に入ろうとすると、黒い影のようなものが突然わたしの肩をつかんで後の方へ力強く引っ張ります。私は驚いてしまい、全身の力で手を上げて一生懸命にその力を払いのけようとしましたが、身動きさえできなくなってしまいました。そして一瞬、マリア様と守護の天使の助けを心の中で叫んでいました。すると、いつも現われてくださる守護の天使が出現して、わたしの先に立って聖堂に入ってくださいました。わたしがその後に従って行くと、それまでの黒い影のような牽引力がいっぺんに消え、聖堂の中へ入り自分の席に着いて祈りをすることができたのです。

それは一瞬のできごとではありましたが、その恐ろしさは自然のものではなく、魔物のそれでありました。悪魔というものがあるとすれば、そのような恐ろしさではなかろうかと、今も身にしみています。それが悪魔の誘惑か攻撃であるとすれば、少しも油断することなく祈り、聖主と聖母の御助けをひたすら願い求めなければならないと思い、ただ一生懸命祈るのみでした。

その後、同じようなことがさらに二回ほどありましたが、「主よ、お助けください、憐れみ給え」と必死で祈り、いずれも助けられました。神の恵みとの出会いは、心の甘美さと平安とをもたらして、その喜びは格別ですが、悪魔との出会いは、まことに気味の悪い戦慄と恐怖だけが残るようで、どんなことがあっても、悪魔の支配だけには屈したくないと思いました。それらのことがあってからというもの、「主よ、わたしを守り助け給え」と熱心に射禱を唱えるようになりました。

九月二十九日は大天使聖ミカエルの祝日。わたしたちの聖堂ではミサがありませんので、この日も町の教会に行ってミサにあずかりました。

山へ戻って昼食の後、Cさんと二人で、ロザリオの祈りを唱えようとして聖堂へ行きました。そしてロザリオを第五の玄義まで唱えたときです。マリア様の御像がひどく白々と輝き始めたのです。驚いてCさんの袖を引き、ささやいて教えました、ロザリオの祈りを唱え終わってからよく眺めてみると、マリア像に今まであった手の傷がきれいに消えて、三カ月以前と同じ無傷の手となっていますので、さらに驚かされました。白くきれいに輝いたことと手の傷が消えたことについて、司教様に報告するまでは、誰にも伝えないことをCさんと約束し合い、聖堂から出ました。

夕方の聖務の祈りが終わりに近づくと、マリア様の御像の姿がピカピカと光って、汗のようなものが流れ始めていました。その変化を最前列にいるDさんが見つけ、聖務を終えると共に、皆さんに知らせるため聖堂を出ました。といってもそのときわたしは気づかず、自分のそばにDさんがいると思って見上げると、それはわたしに語ってくださるいつもの守護の天使でしたので、びっくりしました。

「マリア様が、御血を流されたときよりもお悲しみになっておりますよ。お汗をふいておあげな

聖母像から油汗が流れた

さい」

　とおっしゃいます。それで、わたしたち修道女五人ばかりが、御像に近づいて、新しい脱脂綿でふき取りました。ふいてもふいてもあとからあとから、油汗のようなものが流れ出てくるのに、一同驚いてしまいました。わたしたちは誰しもみな次のような考えで、自分を責めておりました。

『マリア様、こんなに悲しみとお苦しみを与えて申しわけありません。わたしたちの罪とあやまちをおゆるしください。わたしたちを守り助けてください』

　一生懸命、心をこめてマリア像の汗をふき取りました。手にした綿がしっとりぬれて、しぼれるほどになりました。いちばん多く汗の出ている箇所は、額と首のところでありましたが、肩といわず胸といわず、全身から浸み出ておりました。

夕食後、聖堂に入ってみると、またマリア様の木像が汗びっしょりぬれておりましたので、Gさんと一緒にふいてさしあげました。最初Gさんは、自分がふくと汗は出ないと言っておりましたが、見る見るうちにGさんの綿がぬれましたので、彼女もびっくりしてしまったようです。

誰かが「この脱脂綿を嗅ぐ匂といがする」と言い出しましたので、嗅いでみると、それはバラと百合とすみれの香りがミックスされたような、えもいえず柔らかい香りでありました。それは、この世のどんな香水も及ばない芳香でした。

九月三十日、日曜日の朝聖堂へ入ってみると、なんともいえないかぐわしい香りが、マリア様の御像の方からいっぱい流れ漂っているのに気づき、驚かされました。特にDさんは御像の前で、あとのものはそれぞれの座席で、その芳香に魅了されてしまったのです。この世のどんな香りとも比べることのできないほどのよい香りで、天国の芳香もかくあろう、という感じのものでした。

前晩の悲しみにひきかえ、聖堂がこの芳香に満たされていましたので、姉妹たちの表情は、今までの涙と悲しみにとってかわり、それぞれみな明るさと喜びと平和にみたされていました。この芳香は、十月十五日まで連日続いたのですが、特に十月三日、小さき花のテレジアの日と、十五日の最終日には強く漂っていたようです。これは聖母がわたしたちにくださったせめてもの慰めであったのかも知れません。芳香が十五日に終わるということを、私は前もって守護の天使から知らされていました。

≪Gさんの証言≫

一九七三年の十二月まで、私は勤めの関係で市内に宿泊していました。なるべく土曜日と日曜日は山の修院に戻ることにしていました。従って日時はあまり正確ではありませんが、最初、マリア様の木像の右手のひらに、十字形の印があるのを見ました。その後、血がそのまわりににじんでいたり、泡のようにふくらんでいるのを見ました。それは小さい時も、また大きい時もありました。

ある時、自分の人差し指でその血にさわりましたら、血の匂いが鼻をつきました。また夕の祈りの時、マリア様の木の像が、テカテカと光り、祈りが終わってから脱脂綿でふきますと、ずっしりとしめりました。翌日、聖堂はそのかぐわしい芳香で一杯でした。マリア様の汗をふき取った脱脂綿からも芳香が漂い、Aさんの持っている脱脂綿は、一年たった今日もその芳しい匂いがするのです。

どんな香水よりかぐわしい香りがして

十月七日。ロザリオの祝日でしたので、わたしは特に心をこめて、珠の一つ一つに心を注いで祈っておりました。この日も聖堂いっぱいに芳香が漂っていましたので、マリア様の慈愛に包まれているようでもあり、またキリストの愛に酔うてもいたようです。

『この香りは、いつまで続くかしら、ロザリオの月一杯続いてほしいなあ』

と心の中でと考えたふとき、守護の天使が現われて、頭を振る素振りを見せ、にっこり笑いながら、

「十五日までですよ。それ以上は、この世にあって、この香りを嗅ぐことはないでしょう。かぐわしい香りのように、あなたも徳を積んでください。一心に努力すれば、マリア様のご保護によって成し遂げられるでしょう」

と言って姿を消されました。

十月十三日、土曜日の朝の聖務の祈りが、いつものように終わり、聖体礼拝が始まりました。念禱が終わってロザリオの祈りを始めた頃から、聖堂一杯に不思議な光が現われました。マリア像の方から、いつもより奇しき香りが流れ出て、わたしたちを慰め励ましているようでありました。

この日はミサがありませんでしたので、朝食が終わって自分の部屋に入ってみたものの、仕事も余り手につかないような状態でした。長上の姉妹たちが外出された後、一人で聖堂に入って念

禱し、それからロザリオの祈りを唱えようとしてロザリオを取り上げ、十字架の印をした時、突然聖母の御像の方から、きわみがたい声が、わたしの聞こえない耳に聞こえてきました。

「愛する私の娘よ、これから私の話すことをよく聞きなさい。そして、あなたの長上に告げなさい」

（少し間をおいて）

「前にも伝えたように、もし人々が悔い改めないなら、御父は、全人類の上に大いなる罰を下そうとしておられます。そのとき御父は、大洪水よりも重い、いままでにない罰を下されるに違いありません。火が天から下り、その災いによって人類の多くの人々が死に、司祭も信者と共に死ぬでしょう。生き残った人々には、死んだ人々を羨むほどの苦難があるでしょう。

その時私たちに残る武器は、ロザリオと、御子の残された印だけです。毎日ロザリオの祈りを唱えてください。ロザリオの祈りをもって、司数、司祭のために祈ってください。

悪魔の働きが、教会の中にまで入り込み、枢機卿は枢機卿、司教は司数に対立するでしょう。私を敬う司祭は、同僚から軽蔑され、攻撃されるでしょう。祭壇、教会が荒らされて、教会は妥協する者で一杯になり、悪魔によって、多くの司祭、修道者がやめるでしょう。

特に悪魔は、御父に捧げられた霊魂に働きかけております。たくさんの霊魂が失われることが私の悲しみです。これ以上罪が続くなら、もはや罪のゆるしはなくなるでしょう。勇気をもって、あなたの長上に告げてください。あなたの長上は、祈りと贖罪の業に励まねばならないことを、一人ひとりに伝えて熱心に祈ることを命じるでしょうから」

そこで言葉が切られたので、思い切って顔を上げてみました。やはりマリア様の御像が光り輝いて、少し悲げしな顔に見えました。わたしは唾を呑み込み「わたしの長上とはどなたでしょうか」と尋ねましたら、わたしの守護の天使がたしなめられました。御像から声があって、

「それはあなたの会を導いている司教ですよ」

と、にっこりほほえんでくださいました。そして、

「まだ何か聞きたいですか。あなたに声を通して伝えるのは今日が最後ですよ。これから、あなたにつかわされているものと、あなたの長上に従いなさい。

ロザリオの祈りをたくさん唱えてください。迫っている災難から助けることができるのは、わたしだけです。わたしによりすがるものは助けられるでしょう」

わたしは口がこわばったようで言葉もなく、「はい」と平れ伏してしまったままでした。しばらくして顔を上げてみると、そのお声も、光り輝くお姿もなく、以前と少しも変わらない小さな粗末な聖堂の片隅に、マリア様の御像があるだけでした。

この取るに足らないわたしに、このようなお言葉とお使いの任務を与えてくださるとは、夢にも考えていなかったことでした。神に感謝すると同時に、マリア様への崇敬がいや増すばかりでした。

汚れなき聖母の聖心よ、われらのために祈り給え。

十月十五日。この日は朝から一日中、聖堂の中が、かぐわしい芳香に満たされていました。すでに七日に告げられていましたように、不思議な天国のバラのような匂いは、この日をもって消えてしまいました。翌十六日は打って変わったいやな匂いに、皆が驚かされるのですが、いろいろな出来事と、マリア様のメッセージについてのご報告は、一応これをもって終わることにいたします。

第三章

聖母像の涙に関する報告

――メッセージは何を主張しているのか――

語る人／安田　貞治神父

笹川修道女を通じて伝えられた聖母のメッセージがもし真実であるとすれば、その主旨は何であるか、と問うてみなければなりません。それはおよそ次のようなことになるでしょう。

⑴　今の世は、忘恩と侮辱が聖主の聖心を悲しませているということ。マリア様は、御自分の手の傷が「あなた（笹川さん）の手の傷よりも痛い」ということを、木像の手に傷と血を示して表現され、聖母のみこころが、キリストに対する人びとの忘恩と侮辱を悲しんでいることを、切実に訴えておられるのです。

日本においても「司教、司祭、信徒たちがみな罪の恐しさを理解して償うように」といわれます。わが国のカトリック教会は、信徒の数も少なく、取るに足らないものかもしれませんが、今日教会の情勢は聖母の目に必ずしも好ましい状態でない、とそれも世界の教会のレベルで考えられることが述べられているようです。むろん欧米の教会だけが警告の対象なのではなく、信徒の少ない日本においても事情は同じです。

以上はつまり、忘恩と侮辱の償いのために祈ることの要請であります。

⑵　教皇、司教のために、もっとたくさんの祈りを捧げてくださいと強調されています。彼女（笹川さん）は洗礼を受けた日から今日まで祈りを欠かしませんでした。それでもなお、もっとた

くさんこれから祈るように、と述べられているのは、彼女だけが祈りの量をふやせばそれで足りる、ということではなく、教会の全員がそのように祈ることを願っておられるからです。彼女を道具として、聖母はそれを強調しておられるわけです。

司教、司祭は、今日の日本の教会の柱石とも言うべきものであって、彼らに神の御助けとお恵みがもっと多く必要なことを、このメッセージは示唆しております。すべての聖職者がキリストの聖意にかなう好ましい状態になることを願っておられるのです。

(3) 聖母は、聖主を慰めるものが一人でも多く、この日本にもあることを望んでいる、といわれます。天の御父の怒りをやわらげるために罪人や忘恩者に代わって苦しみ、貧しさをもって償う人びとを求めておられるということです。

(4) 御父が、御自分の怒りを人びとに知らせるために、全人類に及ぶ大いなる罰を下そうとしておられることをメッセージは教えています。信者、未信者、司教、司祭を問わず、この災難に遭遇することが警告されています。

聖母は御子と共に、何度も十字架の苦しみ、御血を示して、神に奉献された聖なる霊魂たちと共に、御父の怒りをなだめようとしてきたことを教えておられます。

(5) 祈り、苦行、貧しさ、勇気ある犠牲的行為によって御父の怒りをなだめることができるというのです。今日教会の中では、以上のような贖罪的行為が不当に軽んじられているのではないでしょうか。聖母は、忘恩と侮辱を償うために心して祈りなさいとおっしゃいます。笹川さん向けだけのことではなく、すべてのキリスト者に要望されているのでしょう。つねに教会の陣頭に立って信徒の指揮を取っている司教、司祭に最も必要な精神ではないでしょうか。

6　聖母は笹川さんを通じて、いつも「このメッセージを長上である司教に伝えなさい」と強調されます。「長上は、祈りと贖罪の業に励まねばならないことを、一人ひとりに伝え、熱心に祈ることを命じるでしょう」と結んでおられるのは、早急にこのことが多くの人びとに知らされ、勧められねばならないことを示しております。

以上の点がメッセージの主要点だと思われますが、現代の世相、とくに人心の退廃を眺めるとき、聖母の右のような言葉がなくても、賢明な霊魂の指導者であれば、預言の内容が急務を要することは十分に解るでしょう。しかし、いかに明瞭なことがらでも、いちど聖母の出現とか、聖母の言葉、メッセージといった形を通して伝えられるとき、人々は、その真偽をめぐって長い論争を繰り返すものなのです。しかし今は徒《いたず》らに論争を繰り返す時ではなく、その時間と余裕さえないかも知れません。

わたしがここに強調したいことは、人々が信仰に目ざめて、世の快楽の潮流におぼれることなく、罪に打ち勝つ祈りと痛悔、苦行の精神を取り戻すことが、如何に大切なことであるかということです。それを忘れていては、聖主《みあるじ》も述べておられるように、亡びに至る道となるしかありません。

わたしは、できるだけ笹川さんのメモそのままを誠実に用いて、聖母のメッセージを書き伝えてきました。本書を通読される皆さんにも、その真実性は読み取れるのではなかろうかと思うのです。その前後に起こった出来事については、ここには書き載せないことにしました。それは直接に必要でないものでありましたから。例えばわたし自身についての数例もありますが、ここでは省くことにしました。

涙

聖母像が泣いている

一九七五年一月四日、まだ正月の気分も抜け切らない初土曜日の午前九時頃、わたしたちの聖

それは確かに自然を超越する出来事だった

堂の片隅にある木彫りの聖母像から、涙が流れ出るという事件が起こりました。それもただ一度だけでは終わらず、その日の午後一時頃と夕方の六時半過ぎと、都合三回にわたる出来事でありました。

この三回の涙の現象を直接に目撃したのは、伊藤司教様と黙想参加者十八名、それに私を加えて二十名になります。

いかにも小さな現象とはいえ、それは自然を超越した性質の出来事でありました。神の全能の力によって直接行なわれたものであるとすれば、奇蹟の大小を論ずることはできないでありましょう。ヨハネ福音書にある、カナの婚宴の席でイエズスが聖母の申し入れによって水をブドウ酒に変化させられた、あの奇蹟にも匹敵するものであったかもしれません。

木彫のマリア像の両眼がきらきらと光って、涙でいっぱいになり、それが玉をなす雫とさえなって目がしらに伝い流れた光景は、ただマリア像が泣いているとしか見えませんでした。その流れ出る涙のうちあるものは、あごの下に水滴として光っており、他のものは頬を伝わり、胸のあたりから一条の線となって足台までぬらしました。また目から直接足台へ滴り落ちる涙さえあったのです。それは神の力によって創造された新しい聖母の涙であり、特別な恵みでさえあったかもしれません。

この現象を直接ごらんになった二十名の人たちは、みな誰一人として、それが涙であることを疑わず、〝聖母像が泣いている〟とささやき、みなそれぞれに、自分の胸に手を当てて、心の奥に感ずるところがあったように覚えています。

地元の一流刻彫家・若狭三郎氏によってほぼ十年程前に刻まれたその木彫りのマリア像は、今では乾きにかわき切って、ひび割れさえ見せている状態の材質（桂）で出来ており、しかもその両眼という小さな特定の部分から、多量の水滴が三回に渡って流出したという事実を、ただ自然の現象として見過ごすことはできないでしょう。わたしを含め、その現場に居わせたものにとってその姿は、あたかも生きた人間が泣いているとしか受け取れませんでした。それは、わたしたち

既に1000人以上が涙を目撃した（55年2月現在）

の誰かが悲しみのあまり両眼をいっぱいの涙でうるませてこぼす涙と同一の感じのものであって、カメラさえあれば写真に撮ることのできる現象そのもので、主観的に見る幻想や錯覚のたぐいでは全くなかったのです。

その日最初の出来事は、黙想会に参加した人々のためであったのでしょう。それによって黙想の効果はいっそう各自の心に深くきざまれ、これまで各人が噂に聞いていた聖母像の不思議とメッセージの確かさも、その人たちに確認される恵みとなったことでしょう。

第二回目、昼過ぎの聖母像の涙は、黙想指導者とそれに参加していたすべての人のためであったようです。それは前の涙の確認であり、皆が心を一つにして祈るということでした。その涙の印象はなお一層深く、また確実なものとして認識され、生涯忘れることのできない恵みの賜物として、それぞれの心に反映したのでありました。二千年来このかた、聖母像から出る涙に出合ったという記録は少ないのです。

三回目、夕方の涙はその日の午後来訪された司教様――教会の責任ある地位にある――に、その事実を確認させ、これまでの聖母のメッセージの真実性と重要性を聖母が涙をもって訴えているかのようでありました。その場では、司教様は誰にも告げられず、ひとり、涙を綿で拭き取っておられました。後で司教様はひそかに「聖母像の御手に血を見たときよりも深く心に響くものがあった」ともらしておられました。

この日が過ぎると、聖母像はもう普段と何ら変わることなく、いつもの姿で立っているのでありました。

どうしてこの日が選ばれたのか。ある人は、初土曜日（月の初めの土曜日）は『マリア信心の日』だから、というのですけれども、それればかりではないようです。問題の黙想会の最終日には、初めにも述べたように、地方から来た人を含めて二十名の方が集まっていました。聖母にしてみれば、それぞれ異なった環境にある参加者のすべてに、改心してもらいたい、とお望みではなかったのでしょうか。

摂理的な出来事の一部始終は全国に広がった

そういえば、この日の最後の説教は、聖母のメッセージに深く関連する「あがない」についてでありました。凍てつく冬とあって外部からの黙想参加者が少なかったとはいえ参加者一同が例外なくこの事実を見たことは、聖母像の涙の意味を早く広く地方に伝えるきっかけとするためであったのかも知れません。

『カトリック・グラフ』一九七四年12月号に、聖母出現とメッセージについての特集がのせられ、わたしたちの予期に反して、広く日本のカトリック界にそのことが知らされました。その後、この神の摂理的な御業を裏づけるかのように、聖母はまたもや涙を流されたのです。それは、聖母の言葉によるメッセージの真実性を証し、早く伝えなさいと私たちに訴えておられるようでした。

聖母はいつも人々に改心を呼びかけている――

なぜいつまでも伝えようとしないのか、というお咎めのようでもありました。

夕方の聖体顕示拝のとき、かつて奇跡的に耳が癒された笹川さんに対して、いつものように守護の天使が現われ、聖母の涙についてのコメント（説明）が与えられました。その書初の部分は、およそつぎのようなものです。

「聖母は、いつも、一人でも多くの人が改心して祈ることを求め、聖母を通じてイエズス様と御父に捧げられる霊魂を望んで、涙を流しておられるのです」

この言葉は、現代日本のカトリック者に宛てた、それ以上は何も付け加える必要のない言葉のように、わたしには感じられてなりません。この言葉をしも、サタンからのものといえるでしょうか。

≪H、Dさんの証言≫

朝の聖体礼拝が終わったあと、聖堂に隣接する部屋を掃除しました。一人の姉妹が私に、お湯でしぼった聖堂用の雑巾を渡してくれ、「これでマリア様の御像の台とヨゼフ様の台のあたりを拭いて下さい」と申されます。わたしは『聖堂係りでもないのに、怖れ多いことだ』と心の中で恐縮しながら、あの不思議な御出現のあったマリアの御像を拭こうとうやうやしく近づきました。そしてお辞儀をし、面をあげたところ、マリア様の御像がぬれているのに気づいたのです。

おかしい、と思いました。木彫りの衣服の上にスッと一筋、糸を引いたように水の走った跡があります。跡があるというよりも、今伝わり落ちたばかりのように濡れぬれと光っているのです。

その流れは、お顔のあたりからはじまり、御足の台座である地球の上にまで及んでいました。なんとなく不安になり、聖堂の入口あたりにいた姉妹のひとり笹川さんに、手招きで近くへ頂き、声もなく御像を手で差しました。笹川さんは、近々と御像に顔を寄せて、「あら！ マリア様の涙かしら？」と私の方を振り向き、「すぐ神父様にお知らせしなければ」と、急いで出て行かれました。

マリア様の涙と聞いた途端、私の顔は冷水を浴びたようにしびれ、次の瞬間、胸の奥から突きあげて来る熱いものが、私の目にも涙となってあふれました。マリア様が泣いておられる！ そう思っただけで、私も泣けて仕方がありませんでした。

木彫りの像に涙があふれて流れたこの事実を不思議だと思ったのは、はるか後、涙がおさまってからのことでありました。私は、マリア様の御涙の跡をよく確かめようという思いよりも「マリア様、私は罪人です、おゆるし下さい」という気持ちに打たれて、面をあげ得ない気持ちの方が強かったのです。

以上、わたしは聖母像の涙の現象についておよそのところを述べたように思います。細かいことをいえば、まだたくさんの表現が可能であります。また現実に目撃した人それぞれの心理状態によって、受け取り方もまちまちであるようです。しかしそれだからといって、各自が自分の日で見た客観的事実を否定することは、自己矛盾をきたすだけでありましょう。

一九七五年一月六日の夕方、秋田地区の司祭たちによる新年の集会が開かれ、わたしも司教様と一緒に招かれて、それに出席しました。会の進行もすすみ、いよいよ座談に入ったとき、ある司祭が発言しました。

「湯沢台の聖母像の〝奇跡〟や涙のことを聞いているが、どの程度確実なものであるのか。それをどのように司教様は受け止め、お考えになっておられるか。教えていただきたい」との要請でありました。

ところが、同時に他の司祭から「聖母像にかかわるそのような一連のできごとは、現代においてはタブーとされることであり、むしろ積極的に否定すべきである」との強硬な意見が出されました。

またある司祭はこう発言しました。

「私はかつて神学を学んだ過程において、あらゆる教父たちの著書に当たり、聖母のことについて、よく調べましたが、その結果、二つのことが明らかになりました。その頃まだ聖母被昇天の教義（ドグマ）は発表されていませんでしたが、必ずこのことが信仰箇条として将来、全教会に発表されることの確実性を得たことがその一つ。

他の一つはまだ教義になっておりませんが、『すべての聖寵の仲介者なる聖母』ということ。これもドグマになり発表されるであろうことを確信をもって知りました。

そして、私は一昨年、聖母像の手から血が流れ出たということを聞いたとき、木の材質によっては、何年かたった後でも、わけのわからないヤニのような赤い汚れが出ることを知っているので、それがたまたま聖母像に偶然起こったのだろうと思い、信じていませんでした。しかし、今度の涙が流れたということを聞いて、これは否定の出来ない条件が備わっていると判断し、信じないわけにはゆきません。

しかし、それが本当の神の御業であるかどうかまだ証明されていないでしょう。本当の奇跡であると今日の科学の分野で裏づけられるものでない限り、認めるわけにゆきません」

その他の方からもいろいろ意見が出されましたが、それらの一部始終を聞きながら私は決心しました。それでは、科学の証明を求めよう――と。

現代の人々は、神よりも科学に重きを置く生活をしており、そのような世界に住んでいるので、聖母像の血と涙について科学的分析を試みようと思い至ったのです。

わたしはさっそく、一九七三年に聖母像の右手の傷から流れ出た血を拭いたガーゼと、一九七五年一月四日に聖母像の涙を拭いた綿とを取り揃えて、秋田大学医学部の奥原英二教授に相談した上、秋田大学法医学研究室で厳密な検査を受けることにしました。

二週間後にもたらされた結果――ガーゼの附着物は人血、綿の附着物は人の体液であることが明確に証明されました。他の人間がさわった多少の汚れがそれらの物体に附着していたことはあったけれども鑑定には影響なく、完全に科学的証明が成立したので、また一つ聖母のメッセージの確かさを裏付ける有力な条件が揃ったわけです。

改心の祈りを広めよ

「聖母の涙について」の天使のコメント（八十五頁）については、前にちょっとふれただけでありましたので、少し説明を加えながら紹介してみます。

笹川さんは、聖体降福式が終わると身動き出来ないほどの腰痛を感じたので、他の姉妹たちに聖堂から退出してもらい、司教様と私をそばに呼んで、およそ次のようなことを語りました。

「ロザリオの祈りのとき、わたしの耳が開いて聞えるようになってからはじめて、守護の天使が

“あなた方は、見なければ信心を怠ってしまう”——

現われて一緒に祈りを唱えてくれました。そしてそれが済むと一時姿が消え、準会員の奉献式が終わって、念禱の祈りに入って暫くたつと、天使はまた姿を現わされ、つぎのようにお告げになりました。

『聖母の御涙を見て、そのように驚かなくてもよいのです。聖母は、いつも一人でも、多くの人が改心して祈り、聖母を通してイエズス様と御父に献げられる霊魂を望んで、涙を流しておられるのです。

今日、あなた方を導いてくださる方が、最後の説教の説教で言われたとおりです。あなた方は、見なければ信心を怠ってしまう。それほど弱いものです。

日本が聖母の汚れなき聖心に捧げられたことを

喜んで、聖母は日本を愛しておられます。しかし、この信心が重んじていられないことは、聖母の悲しみです。しかも秋田のこの地を選んでお言葉を送られたのに、主任神父までが、反対を恐れて来ないでいるのです。恐れなくてもよい。聖母は御自ら手を拡げて、恵みを分配しようとみんなを待っておられるのです。聖母への信心を広めてください。

今日、聖母を通じ、聖体奉仕会の精神に基いて、イエズス様と御父に献げられた霊魂を、聖母は喜んでおられます。このように献げられる準会員の霊魂を、軽んじてはなりません。

あなた方が献げている〝聖母マリア様を通して、日本全土に神への改心の恵みを、お与えくださいますように〟との願いをこめた祈りは、喜ばれております。

聖母の御涙を見て改心したあなた方は、長上の許しがあれば、主と聖母をお慰めするために、聖母を通して、イエズス様と御父に献げられる霊魂を呼び集めて、聖主と聖母の御光栄のために、勇気をもって、一人でも多くの人びとに、この信心を広めてください。このことをあなた方の長上とあなた方を導く方に告げなさい』

と言って、わたしの顔をのぞきこむようにしてから、その姿が消えてゆきました」

最初の「驚かなくてもよい」という言葉は、笹川さんが昼のお茶の間に、地方からの黙想参加者に分配するメダイを聖母像のところへ取りに行った時、二度目の御涙を発見して腰を抜かすほど驚きましたので、そのことを差したもの。慰めるための言葉であったようです。

聖母の涙は、一人でも多く改心する霊魂を求めてのもので、聖母を通してイエズス様と御父に献げられることを、切に求めておられることの強調であります。少しあとにくる準会員のこと、聖体奉仕会の精神に基いて聖主と御父に献げられる霊魂を、聖母と聖主、御父も共に喜んでいることを教えておられるようです。

昔から教会の伝統では聖母を通してイエズス様へ、イエズスを通して三位一体の神への道が、信仰の道として提示されてきています。

日本が聖母に捧げられてから

聖母が、特に秋田のこの土地を選び、日本全土に神への改心の恵みを与えようと手を拡げて皆が来ることを待っておられる旨を示されたことは、全く新しい事実であり、大変喜ばしいことであります。

一五四九年八月十五日、聖母の被昇天の祝日に、聖フランシスコ・ザビエルがキリストの使者として初めて鹿児島に上陸したことは、まぎれもない歴史的事実であります。

それはまことに聖母の引き合せであったかのように、わたしたち日本民族にとって、キリストとの最初の出合いの日でありました。

そして、それが神の祝福と恵みの端緒となって、多くの切支丹が生まれたことは、いまさら改めてここに申すまでもありません。神の摂理とか導きということは、そういう点にあるのでしょう。

そのときザビエルが、聖母の最も光栄ある被昇天の祝日を意識して、聖母の汚れなき聖心に日本全土を奉献し、神への改心の恵みを祈り求めたかどうか、今のわたしが知る由もありません。

昔、コロンブスのアメリカ大陸発見をテーマとした映画を見たことがあります。その中はコロンブス一行が海岸の波打際に上陸するやいなや、まず跪いて敬虔に祈りを捧げるシーンがあり、いまだに私はそのシーンを忘れることができません。

おそらく、ザビエルも同様だったでありましょう。福音宣教の熱に燃え立っている聖人が、この記念すべき聖母の祝日に鹿児島湾へ上陸して、敬虔な祈りを神に捧げなかったことはありえないように思われます。

とくに、初めてこの日本列島に福音宣教の足を踏み入れるに際し、自分が導かれたその祝日にちなんで、聖母の御保護と取り次ぎを祈らずに事を済ませるということは、あり得なかったでしょう。

かくて初期における布教の成果は実に素晴らしかったようですが、その後間もなく恐るべき政治的迫害に遭遇し、教会史上類例のない殉教の哀史を綴ることになります。聖母の御涙は、人の目には見えなかったけれども、その時からはじまっていたのではなかったでしょうか。

ザビエルの渡来から二百九十五年を経て、フランスの宣教師フォカード師が、日本再布教を志してようやく沖縄を訪れました。一八四四年五月一日、彼は球琉の那覇港に到着し、軍艦内の病室でミサを捧げ、感謝の祈りに続いて「聖母の汚れなき聖心」にこの琉球の新布教地を捧げて祈った、と史書に記されております。このときの祈りは少し長いのですが、引用してみましょう。

「ああ、マリアの至聖なる聖心、もろもろの心の中にも至ってうるわしく、清く、気高き聖心。善良、柔和、哀憐、博愛の尽きせぬ泉なる聖心。諸徳の奥殿、いともやさしき模範なる聖心。ただイエズスの神聖なる聖心に遜色あるばかりなる聖心よ、

我れはきわめて不束なる者なれども、初めてこの琉球の島々に福音を宣伝する重任を託されたるにより、我が力の及ぶ範内において、この島々をば特に御保護の下に呈し、献納し奉る。その上、いよいよ布教を開始して、その基礎を固め、この島人を幾人にても空しき偶像礼拝よりキリスト教の信仰に引き入れ、一宇の小聖堂にても建設するを得るに至らば、直ちにローマ聖座に運動してこの国を残らず、公にまた正式に御保護の下に託すべきことを宣誓し奉る。

ああ慈悲深きマリアの聖心よ。神聖なるイエスズの聖心の前において、いと力ある聖心、何人たりともその祈禱の空しからじを覚えしことなき聖心よ、卑しきわが祈願をも軽んじ給わず、わが心をいっそう善に立ち帰らしめ、数々の暗黒に閉されおるこの心の雲霧を払い給え。

我れは大なる困難、危険の中にあるものなれば、願わくは謙遜、注意、叡智、剛勇の精神をわが為に請い求めさせ給え。全能、哀憐の神なる聖父と聖子と聖霊とは、この賤《いや》しき我れを用いて〃強き所を恥かしめ、現にある所を亡ぼし（コリント前1・28）〃幾世紀前より暗点と死のかげとに坐せるこの民をば、福音の光と永遠の生命とに引きもどし、これに立ち向かわしめ、辿り着かしめ給え。アーメン」（浦川師訳）

その後日本の政治の流れも変わり、鎖国の長い眠りの夢が破られ、切支丹の迫害史にも一応終止符が打たれたのです。しかし、迫害が止んだからといって日本のキリスト教化がおいそれと目覚ましく進展したわけではなく、むしろ布教の効果は遅々として上がらなかったのが実状でありました。その後、有史以来わたしたちの民族にとって最大の惨事ともいうべきあの大東亜戦争が、一九四一年十二月八日、聖母の無原罪の祝日に起こり、その終結が一九四五年八月十五日、聖母の被昇天の祝日であったことは、そこに何か神の摂理的なものがうかがえそうです。当時いた九万そこそこのカトリック信者にとってそれらは、聖母のお取り計らいとも考えられたもので

開戦も終戦も聖母の祝日だった（長崎の爆心地）

した。

終戦後、日本の司教団は一致して先述のフォカード師による聖母の汚れなき聖心への琉球新布教地奉献を取り上げ、今日カトリック教会祈禱書にあるように「聖母の汚れなき聖心に日本を献げる」ことを決議し、以後信者たちにその信心がすすめられているのです。

わたしも以前小教区に在任していたとき、聖母の被昇天の祝日には必ずこの祈りを信者一同と共に唱え、聖母にローソクを奉献したものでありま す。一九七四年五月、聖体奉仕会に赴任した後も、毎週一度この祈りを会員の方たちと共に唱えてきましたが、その祈りを果たして聖母が喜ばれているかどうかは知る由もありませんでした。

ところが、聖母像から多量に涙が流された日、

笹川修道女に告げられた天使の言葉の中に、

「日本が聖母の汚れなき聖心に献げられたことを喜んで、聖母は日本を愛しておられます」

とありました。このことは、教会の伝統や聖書の言葉に照らしてみても、まさにそのとおりであることはいうまでもなく、信仰をもって見ればなおいっそうそれが明らかです。聖職者の方の中にそれを否定する向きがあるかも知れませんが、それはあくまでも主観的な感情の見方のように思われてなりません。

聖母はそれほど日本を愛しておられるのに、なぜ聖母像から涙を流されねばならなかったのでしょうか？　先の笹川さんに対する天使の告げに続いて、次にくる言葉が、それを説明しているようです。

「しかし、この信仰が重んじられていないことは、聖母の悲しみです」

現在の日本のカトリック教会をのぞいてみるとき、この祈りが唱えられ、ほんとうにその信仰に励んでいる教会または修道会を発見できるでしょうか。わたしの知るかぎりでは、皆無のようです。そして、それこそが聖母の悲しみなのです。

聖母は天使を通じて、これからわたしたちに起こるいろいろな反対や困難を予想してつぎのように励ましを与えておられます。

「反対を恐れなくてもよい。聖母は御自ら手を拡げて、恵みを分配しようと、みんなを待っておられるのです」

今日、聖母を通して神のお恵みを願うことを、あたかも信仰の邪道であるかのようにいう聖職者があると聞きますが、それはまことに悲しいことです。第二バチカン公会議は聖母について次のように述べています。

「すべてのキリスト信者は、神の母および人類の母に対して、切なる嘆願をささげなければならず、また教会の発端を祈りをもって助けられた聖マリアが、すべて聖人と天使の上にあげられた天において、今もなおすべての聖人の交わりのうちで、御子の許《もと》で取り次ぎを続けてくださるよう祈らなければならない」

聖母は、この公会議の条項が少しも信者たちにかえりみられないことを泣いておられるようでもあります。

またお告げの中に「『聖母を通して、日本全土に神への改心のお恵みをお与え下さいますように、との願いをこめての祈り』が喜ばれている」とありましたが、この祈りは、聖体奉仕会においては、ロザリオの祈りに先んじて唱える幾つかの共同祈願のトップを占めるものです。この祈りの主旨は、ザビエルにはじまってフォカード師、日本の司教団とつながる一連の聖母への哀願の祈りであることに気づき、今日改めてわたしはその感慨を深めると共に、聖母像の涙の意味がわかるような気するのです。

私たちも確かに見ました

出現を受けた笹川修道女の証言

一月四日、初土曜日、黙想最後の日のことでありました。朝食後の礼拝の後、掃除のためHさんに呼ばれて聖堂に入りますと、Hさんが無言でマリア様の御像を指差しています。それで差された方を見ると、なんと驚いたことに、マリア様の目から涙のようなものが溢れているのではありませんか。

わたしはびっくりして、「あら！　マリア様の御涙かしら？」とHさんの顔をのぞきこんで問いかけました。彼女はびっくりしたような顔色をさっと変え、まっさおになり、唇の色さえもなく立ちすくんでしまいました。わたしも直ぐその場に平れ伏したい気持でしたが、まず神父様にお知らせしなければと思い、聖堂を出て電話に飛びつきました。

神父様も驚かれた様子で、直ぐに来られました。わたしは、マリア様が泣いていらっしゃる、思っただけで胸が高鳴り、像の側へ近づくこともできないまま、一番後ろの席で平伏しました。ただただ「マリア様お許しください。ごめんなさい。あなた様をお泣かせしているのは、このわたしです。主よ、罪深いわたしをあわれみ、救ってください」と必死になってお許しを乞うのみでありました。

C修道女の証言

聖母像の涙にうるんだ御目は、澄みきって、まるで生きた瞳のようで、わたしども罪深い人間には到底見られない清潔さにみなぎっていました。それは汚れを知らないおとめの御涙であり、神の御母の憐れみ深くやさしい御涙でありました。また聖霊の恩恵に満ちみちて、磨き上げられた永遠の静けさを宿していて、完全無欠に調えられた感情が豊かにひそめられている御涙にも思われ、感動させられました。またカルワリオ山で十字架の下にたたずみ、御子と共にわたしたちの救いを御父に請われる人類の母の涙である、と御受難を偲ばずにいられない感じのものでありました。その御涙は、腹わたまで悲しみをしみ込ませて改心を迫る、力のあるものでありました。

I修道女の証言

聖母マリア様が御涙を流していらっしゃる、と最初に聞いたとき、ああどんなに苦しみ悲しんでおられることだろうと思い、同時に自分の改心の足りないこと、罪の深さに心が痛みました。その時は、御涙を見に行く勇気もなく、ただマリア様のお望みのような霊的改心ができるようにと祈り、その後で告解の秘蹟をうけました。

昼過ぎ、また聖母が涙を流しておられると聞いて、居合わせた姉妹たちと一緒に直ぐ聖堂にかけつけ、マリア像のまん前に座りました。聖母像の目から流れ落ちる涙は、ほほを伝い、顎からしずくをなして流れています。私たちは御像から目を離すことができませんでした。そしてわたしは、自分がまだ肉によって生きているものであり、霊に生きることの少ないことを恥ずかしく思いました。

考えてみれば、全能の神が罪の罰をくだす前に、聖母を通して示された慈愛の御涙ではないのでしょうか。私はその涙の一滴でもぬぐうことの出来る清い心、霊的な生き方をしなければならないと思いました。

J修道女の証言

最初は、部屋を清掃しているときでした。聖母が泣いていると聞いてわたしは聖堂へ行き、聖母像に近づきました。しかしすでに終わっていたのか、御涙を見ることはできませんでした。信仰の薄い身には御涙さえ見られないものかと悲しく思いながらも、さらに御像近くに目を寄せて見ると、右頬に涙の跡が残っており、アゴの下に少し雫のようなものがたまっておりました。胸のあたりにはぬれた線が見えました。それでもピンとくるものがなく、頭の中はただ混乱するばかりで、自分自身をはがゆく思いました。

二度目の時に、マリア像の両眼からいっぱいあふれる涙が像の下の地球を形どった台まで流れ落ちておりました。それを見ると「めでたし、聖寵満ちてるマリア……」と天使祝詞が自然に口を突いて出、胸がつまってひとりでに泣いてしまったのです。

罪多い身には、『マリア様が泣いておられる、あんなに御涙を流して……』と考えるのが精いっぱいでした。皆と一緒にロザリオ一環を唱える間中、聖母像の右目はとくにキラキラと涙で輝いておりました。わたしはこの超自然の出来事を、理性では消化し切れなかったけれども、理論や道理でなく、ただ聖母の御涙そのものが、わたしの胸を強く打っておりました。

三度目に御涙のことを聞いたときに、聖母がほんとうに泣いていらっしゃる事実を素直に受け取ることができました。唯一絶対の神の現存をこれほど身近に感じたこともありませんでした。

マリア様の御涙を見て、自分が聖母を悲しませている者の一人であることを知りました。それというのも、これまではただ「困難や苦しみを遠ざけてください」と祈る自分だったからです。しかし三回目の涙に接して「改心せよ、心して祈れ」という励ましを強く心にいただきました。

K修道女の証言

昭和五十年一月四日、黙想会にあづかっていた本部在住修道女九名、外部からのお客様九名の方々を驚かせたマリア像の、朝、昼、晩と三回に及ぶ〝御涙事件〟は、一昨年の御血、御汗、芳香に続く大きな事件でありました。もちろん、笹川シスターを通じて告げられたメッセージによって、マリア様のお望みがなんであるか、私たちにはほぼ理解出来ました。世界の各地から噂として聞こえてくる「御涙のマリア像」の苦しみ、悲しみを現実的に感じとることができたのでした。

なお笹川さんは、昼の御涙を発見した後、あまりの驚きで、一人で歩行ができないくらい腰を痛めておりました。また午後行なわれたロザリオの祈りの途中から夕の祈りにかけて、彼女は相当長い時間聖堂内に平れ伏していました。それは何か超自然的なお告げがある時、彼女が決まって示す態度でありました。その隣りの席にいた私は、彼女がメッセージを受けていたとはっきり証言できるのです。

L修道女の証言

マリア像の御涙を見ての第一印象は、恐怖でした。たとえば母親が子どもの前で涙を流しているのを見るとき、子どもはギクッとするもの。聖母の涙を知ったとき、自分の心に奥深く潜んでいる自己愛という罪源を取り除かねば、と私は思いました。

生きている人体と木像とが完全に合体されているという感じで、マリア像にマリア様の御涙を拝見しました。そのとき、前々から聖母マリア様に奉献しようと思い浮べていた事柄が、堰を切ったようにどっと一気に出てきました。一回目の涙は、余り心に浸透しませんでしたが、二度、三度と聖母像の御涙を見るにつれて、私は、自分の心を完全に聖母に奉献しようという決心に魅せられていました。

聖母像をよく見つめていますと、左の御目はきつく、私をたしなめておられるようで、右の御目は、天の御父を見上げておられるように思われました。そして右目から流された多くの御涙は、昔エルサレムを見てお泣きになった主イエズス様の御涙のようにも思えたのです。

神父さまはご講話の中で「一年経っても（聖母の悲しみは）同じではないか。これだけおこられたら、どんなに性根のない子どもでも改心せざるを得ないだろう」と言われましたが、そのとおりだと思います。聖母が生きておられることを、自分の目のあたりにしたようで、恐ろしいというよりも不思議に愛の気持ちが先に立って、安らぎを覚えました。ルルドやその他の聖母出現地に巡礼した方や、奇跡を求めて遠くから病身を携えて行かれる方々が、不思議な癒し、特に霊的な恵みの慰めを受けると聞きますが、それに似たような心もちで満たされたのです。

わたしは自分の心のカラから出て、聖母に全部をお捧げし、マリア様の道具になって聖主と御父をお慰めしたいと切に望みました。これからは自己の弱さを自覚して、ロザリオの祈り、毎日の聖体拝領を大切にしながら、少しでもお恵みに報いたいと決心しつつ、聖堂を出ました。

（取材班注）聖母像落涙現象はこのとき以来一九七九年末までに九十八回あった。

全聾の治癒

祭壇に鈴が鳴るとき

一九七四年春、笹川さんのメモになる『聖母の御言葉』を読んだとき、私は何の抗抵もなく、それをほんとうのことであると信じました。そのメッセージの中に「あなたの耳もきっと治りますよ」という一節がありましたので、彼女の耳はいつかきっと聞こえるようになるだろうと、わたしなりに考えていました。だから、メモを彼女に返すとき、

「あなたの耳も、いつかきっと聞こえるようになるでしょうけれども、神はその犠牲的愛を喜んでおられるのですから、癒されても癒されなくとも、すべて神の思召しのままに任せて忍びなさい」

と言ったのでした。彼女にとって、その犠牲はとてもつらく、忍びがたいものであったようです。しかし、時がたつにつれて、彼女は自分のその不自由さが、聖主や聖母のお気に召すなら忍ぼう、という心境に移り変わって行ったようです。それでも彼女は、内心ひそかに、癒されるこ

とを熱心に祈っていたのではないでしょうか。

五月十八日の朝のことでしたが、聖体礼拝の時間のあと、彼女はわたしに話したいことがあると言って、およそ次のようなことを申しました。

「さっき礼拝しているとき、いつも導いてくださる方（注・守護の天使）が現われて、『あなたの耳は、八月か十月には癒され、聞こえるようになるでしょう』とだけ言って消えました」

彼女のこの言葉のうちには、胸が喜びに高鳴っているかのような響きが秘められておりました。わたしはそれを冷静に受け止めて、「このことは実現するまで、誰にも話さないように」とすすめ、「神の思召しのままに任せなさい」と言って、その場を去ったのでした。

しかしわたしには、それがこの年のうちに起こるのかどうか想像することもできませんでした。むしろ将来、何か記念すべきできごとと関連してその奇跡が行なわれるのではないか、と考えていました。仮りにこの八月に起こるとすれば、それは聖母被昇天の祝日か、それとも聖母の他の祝日に起こるのではないか、と思ったりしていましたし、あるいはむしろ八月よりも十月のロザリオの月のほうがふさわしいのではあるまいか、とも想像しておりました。その七月と八月には、笹川修道女にも思いがけない重苦しい精神的試練が続いていたようです。そしてそれがどこからくるのか、また何が原因しているかは解らないようでしたけれども、わたしには、ほぼ想

全聾障害が治癒した

像がついていました。

八月八日（木曜日）の朝、ミサの途中でわたしは不意の病に倒れ、そのまま入院し、手術を受けて危く生命を取り戻したものの、九月四日まで病院生活を余儀なくされてしまいました。この期間には、おそらくその癒しはないだろうと、わたしは想像しておりました。

九月二十一日（土曜日）の朝、聖体礼拝がすむと、笹川さんはわたしのそばに来て、伝えたいことがあると前置きして、つぎのようなことを申しました。

「守護の天使から、〝十月中に耳が聞こえるお恵みをいただける〟とのおさとしを受けました。『その前にあなたの好きな九日間の祈りを三回唱えなさい。その間に耳が開けるでしょう。ですからそのつとめを、今日か明日からでもすぐ始めなさい』と告げられたのです」

わたしはそれを聞いて、「それほど早く、しかもそれほどハッキリとしているならば、今日からでも始めなさい」と言いました。そしてまた、「このことは誰にも話さないように」と申し添えました。

わたしはこの知らせを受けたあと、「彼女はいつ癒しのお恵みを受けるだろうか」と考えました。預言の中に『アヴェ・マリアと鈴の音が聞こえる時』とありましたが、わたしたちが鈴を用いるのは、日曜日の聖体降福式の時だけでありますから、それはほぼ想像がつきました。

次に「続いて三回九日間の祈り」とありましたので、多分、十月の終わりの頃の日曜日であろうと考えていました。しかし、これはわたしの聞き違いで、九日間の祈りの間に起こることが伝えられていたのでした。天使の言葉があれほどはっきり示されていたにもかかわらず、それを私は聞き違えたのです。人間の知恵が如何に愚かなものであるかを諭されたような気がします。

十月十三日は日曜日とあって夕方には聖体顕示と礼拝、降福式がありますので、わたしは晴天に恵まれたことをさいわいに、天主（地名）へ朝釣りに出かけました。その日は少し早目に帰り、しばらく休んでから、聖体顕示をしました。香を焚《た》くとき、わたしの胸に何か、そっとかすかに響くものをおぼえ、今日は何かありそうだなと思いました。償いの祈りを唱え、席に戻ったあとロザリオの祈りをみんなで唱えました。それにひき続いて、アヴェ・マリアの歌が全部歌われました。

その終わりあたり、笹川さんは平れ伏して、泣いているようでありました。それを見た私は、今日この場で耳の治癒のお恵みをいただけるのではないかと、心ひそかに直感いたしました。念禱や聖務の晩の祈りなどを終えると、いよいよ最後の聖体による祝福となり、姉妹の一人によって鈴が高らかに振り鳴らされました。わたしは聖体顕示台をもって、十字の印を描きながら「主よ、思召しのままにお恵みを与え給え」と祈りました。その後、いつものように「天主は讃美せられさせ給え」と讃美の祈りが続きました。

その祈りが終わって、わたしが「聖家族の歌」をうたうように指図すると、笹川さんが突然、祭壇に向かっているわたしの背後から、

「神父さま、聖歌はテデウム（主への讃歌）をお願いします」

と聖歌の変更を申し入れたのです。わたしはそのとき彼女に背を向けており、彼女が私の唇を読むことは出来ません。わたしはすぐ振り返り、「耳が聞こえるようになりましたか」と聞くと彼女は、「はい、今そのお恵みをいただきました」と答えました。

そこでわたしは、他の修道女たちに初めて、

「皆さん、五月と九月の二回にわたって、天使からお知らせがありました」

と述べ、

「今これから、そのお恵みを感謝して、テデウムを歌いましょう」

と提案しました。それを聞いた修道女の中には、大変驚いた者もあり、半ば疑う者もあったかも知れませんが、すすり泣く声を交えての讃歌が始まりました。続いて聖家族の歌もうたわれました。その日の夕食は、貧しくとも大きな喜びにつつまれた、暖かい晩餐となりました。

微笑から一転きびしい表情へ

以上、わたしは笹川さんの耳が神のお恵みによって、しかも御聖体の祝福の最中、完全に癒されたことを報告しました。この癒しは、神がただ笹川さんの耳の不自由さを肉体的に取り除いてくださった、という点だけに意味があるのではなく、もっと深いところにそのはからいがあるようです。

現代においてともすれば軽視されがちな聖母マリアの御取り次ぎによって、聖体の秘跡の中に現存しておられるイエズス御自身が、かつてユダヤの国で多くの病人を治されたように、今日、わたしたちの仲間である笹川さんの耳を治してくださったのです。

わたしは、翌十四日、彼女を秋田市立総合病院に連れて行き、耳鼻科の田中弘部長に診察を依頼しました。診断書に書かれた結果――

「聴力正常、会話領域における気導、骨導聴力は殆んど0レベルに一致するので、日常会話には支障がない」（十月十四日初診）

聖体の中に現存される神の子イエズスを尊重することは、わたしたちの信仰にとって常に極めて大切なことです。昨今、聖体は食物として与えられたものだから、食物として取り扱えばそれでよい、という意見が幅を利かせ、従ってそれを礼拝することはおかしい、という当世風流行理論に支配されているのか、多くの聖堂の中でも聖体の存在の価値が軽視されているようで、聖櫃もそのような場しか与えられていません。また聖体降福式が、中世の信心による非本質的挿入物かであるのように批判されて、取りやめられている現況は衆知の通りで、まことに悲しい思いがします。

このようなときに、聖体降福式の頂点ともいうべき聖体祝福にあたって、鈴の音が聞こえるという奇跡的治癒が笹川さんの身に起きたこと自体、イエズスのわたしたちに対する示唆となるのではないでしょうか。

「あなたの信仰があなたを救ったのである。安心して行きなさい」

これは福音書に何度も出てくるイエズスの言葉です。ナザレトのイエズスの、見えない神の子の姿の表現でもありました。今日、肉眼によって見えるパンの形色をとった聖体は、見えない聖主イエズスの姿の現存を表示するものであります。

しかしそれに対して、いま人々はどんな表敬を示していることでしょうか。聖櫃は聖堂の中心ではなく、半端な片隅しか与えられていません。典礼主義者たちは、「聖堂は祭儀が大事であって、祭壇が中心となるべきものである」と申しております。わたしはそれには少しも異存がありませんが、しかし「日々あなたがたと共に、世の終わりまで居る」と約束されたイエズスの現存を、おろそかにしてはならないと思うのです。聖体には、常に聖堂の中で尊敬と礼拝、祈りの対象として、ふさわしい場が与えられるのが適当であるように思われます。しかし、ここではそのことを論じるのが目的ではありませんからこれくらいにして、話をもとへ戻しましょう。

前述したとおり、笹川修道女の耳が癒されることは、すでに一九七三年七月六日、初金曜日の午前三時半頃から五時頃までの間に、聖母マリアから受けた第一回のメッセージの中で、はっきり告げられていました。

「耳の不自由さは、苦しいですか。きっと治りますよ。忍耐して祈ってください。……人びとの償いのために祈ってください」

「ロザリオの祈りを大切に……」

一九七四年五月十八日（土曜日）朝食の後、七時半から八時半まで、いつものように聖体礼拝が行なわれました。礼拝の後、笹川さんがわたしに近づいて、胸を高鳴らせながら次のようなことを言いました。

「ロザリオの祈りを終え、念禱に入って暫くたってから、その日もロザリオの祈りを一緒に唱えて助けてくださったお方（天使）が現われました。『あなたの耳も八月か十月に開けて音が聞こえ、治るでしょう。ただし、暫くの間だけで、今はまだ捧げものとして望んでおられますから、また聞こえなくなるでしょう。しかし、あなたの耳が聞こえるようになったのを見て、いろいろの疑問が晴れて改心する人も出るでしょう。信頼して善い心でたくさん祈りなさい。そしてあなたを導くお方にこのことを話しなさい。あなたはその日が来るまで、他に話してはなりません』

と告げられたのです」

笹川さんはその後、自分のメモにこう書いています。

「はじめお現われになったとき、天使はほほえみの顔でありましたが、あとはきびしいお顔に変わりました。わたしは夢を見ているようでしが、そのきびしい表情を見てハッとし、身体が緊張して、平れ伏してしまいました。

わたしの心は喜びに躍り上がるほどの嬉しさで一杯になると同時に、すべての神の聖意のままに、と思う心が入り交っていました。そして聖主のあわれみに深い感謝をささげていました。

神父さまにそのことをお知らせすると、深くうなずかれ、『八月か十月とおっしゃったのか』とおっしゃってまた深くうなずかれました。私はその言葉を、神父様の唇から読みとりました」

わたしは、これほど早く彼女の耳が癒されるは考えていませんでした。しかし今考えてみると、彼女に（聖母像を通してではありますが）告げられたメッセージは、急務を要する性質のものであったようです。

九月に入ってわたしも退院し、普段と変わることなく聖体礼拝に参加しておりました。九月二十一日（土曜日）の聖体礼拝のあと、笹川さんが近づいて、また次のようなことを伝えてきました。

「聖体礼拝中、念禱に入ってしばらくたったとき、いつも私を助け導いてくださるお方が現われ、こう言われました。

『今朝の食卓で夢のことが話題になったでしょう。心配することはない。今日からでも明日からでも、あなたの好きな九日間の祈りを続けなさい。九日間の祈りを三回続けている間に、御聖体のうちにまことに在し給う主のみ前に、礼拝中のあなたの耳が開けて音が聞こえ治るでしょう。真っ先に聞こえてくるのは、あなた方がいつも捧げているアヴェ・マリアの歌声ですよ。その次に主を礼拝する鈴の音が聞こえるでしょう。

礼拝が終わったら、あなたは落ち着いて、あなた方を導いてくださるお方に、感謝の讃歌を願いなさい。そこで皆は、あなたの耳が聞こえるようになったことを知るでしょう。この時、あなたの身体は癒され、主のみことばがたたえられます。

これを知ったあなたの長上は勇気に満ち、晴れて証しをするでしょう。しかし、みながよい心をもって捧げようとすればするほど、多くの困難と妨げがあるでしょう。外の妨げに打ち克つために、内なる一致をもち、より信頼して祈りなさい。きっと守られるでしょう。……

あなたの耳が聞こえるのは、しばらくの間だけで、今はまだ完全に治らず、また聞こえなくなるでしょう。聖主がそれを拝げものとして望んでおられますから……

このことをあなたを導く方に伝えなさい』

深いまなざしでジッとみつめられたあと、その方のお姿は消えて見えなくなってしまいました」

この笹川さんへの知らせのはじめに『今朝食卓で夢のことが話題になったでしょう。心配することはない』とありますが、それはどんなことかといえば、およそ次のようなことでした。

聖母マリアの言葉、メッセージが公開されるにつれて反対があること、特に教会の上位聖職者たちや、また身近かなものたちから妨げがあるという事実が笹川さんの夢に現われた、ということが話題になったのでした。

わたしは彼女の一連の報告をうけてから、秘かに九日間の祈りに入りました。そしてその日の来るのを待っておりました。それはこれからくる大事なことの前触れでもあったからです。

なお望まれた犠牲の意味

聖母マリアのお取り次ぎによって、聖体の秘跡の中に現存されるイエズス御自身が、笹川さんの耳の障害を取り除き、聞こえるようにしてくださったことは、まぎれもない事実となりました。それは天使によって告げられたとおりであったことを、前に述べましたが、その奇跡が神の思召しであったことは言うまでもありません。

イエズスがゲッセマニの園で「父よ、思召しならばこの杯を取り除き給え」と祈ったように、笹川さんの耳の苦痛も、一時的に取り去られたとはいえ、父なる神の聖旨の行なわれたことに他ならないのです。

彼女に伝えられた天使の言葉によれば「ただし、しばらくの間だけで、今はまだ捧げものとして望んでおられますから、また聞こえなくなるでしょう」とあります。この言葉によれば、彼女の耳は再び聴力を失なうことになり、それは捧げものとして聖主に望まれ、求められているということです。そして、この苦しみの犠牲的愛が望まれているということも、神の思召しなのです。

このように、それがはっきりと神から求められている犠牲とわかれば、それをささげて耐え忍ぶという人の精神的態度も、また普通とは違い、信仰によって心も清められることでしょう。そこには、イエズスが「わが心のままにあらず、思召しのごとくわれになれかし」と祈って引き退った、血と汗のにじむような思いもあるのでしょう。

十月十三日の彼女のメモを、ちょっと披露してみると、次のようです。

「今日のミサ中の福音は、〝十人の癩病者がイエズスの言葉によって癒された奇跡〟のことでありました。わたしにとって一番強く感じられたのは、その中のたった一人だけ、聖主のもとに神をたたえて帰り、感謝したときに、イエズスが『立って行け、あなたの信仰があなたを救った』と仰せになったことです。この最後のみ言葉の尊さ、その救いは病からの癒し以上のものだったことを思いました。聖主の足もとに平れ伏して感謝する態度は、まことに美しいものがあり、救われた人の喜びの姿が想像されました。

夕方五時からの降福式のとき、前もって天使に教えられていたとおり、真っ先にアヴェ・マリアの歌声が、ずっと以前に見た夢と同じく、かすかに遠くからわたしの耳に聞こえてきました。アヴェ・マリアの歌声だけで、ほかには何も聞こえませんでした。それから少し念禱の時間があって、続いて晩の祈りになりましたが、その時には皆さんの声は少しも聞こえてきませんでした。神父さまが御聖体で祝福されたその時、鈴の音がはっきりと聞こえてきました。それに続いて神父さまの声が『天主は讃美せられさせ給え』と聞こえてきました。それは、初めて聞く神父さまの肉声でありました。

真っ先にアヴェ・マリアが聞こえてきた時に、この取るに足らない者の上に、神の御憐れみが与えられようとしていることを知り、ああ有難いこと、もったいないと思ったとたん、感謝で胸

10月13日はファチマに聖母が出現された最後の日だった

がいっぱいになり、泣き伏してしまいました。声が出そうになるのをこらえるのに必死であり、感謝あるのみで、他に言葉はありませんでした。

音を失って一年七カ月、両親に知らせ神経を使い、緊張の連続の毎日であったことや、その声が聞こえるようになっても、また捧げものとしてそれが失われることを思うと、もっとたくさん祈らねばならないと思いました。

このできごとは、すぐ司教様に知らされ、私も司教様と電話でお話しすることができました。

日曜日の福音の言葉を聞いて「この最後の言葉の尊さ、その救いは病いからの癒し以上のものがあった」と彼女は述べております。それと同じように、笹川さんのこの日の奇跡的耳の治癒には、それ以上のものがあったように思われます。十月十三日という日は、ポルトガルのファチマに聖母が出現された最後の日です。ファチマの出来事は、教会公認の奇蹟であります。ちょうど一年前の同じ十月十三日に、この山（修道院）でも、最後の聖母のメッセージが与えられ、その時の聖母像や声は、もっともきびしいものであったと記録されています。

そのメッセージには、重大な警告が含まれていました。多くの人びとは、自分に都合のよいところだけを信じても、不都合なところは拒否するという傾向があるものです。また、最近『ファチマの第三の預言』という聖母の言葉が、人びとの間に伝えられていますが、その出所や信憑性は確かめられないままになっています。笹川さんに托された聖母の警告の内容をみると、ほとんどファチマのそれに一致するので、聖主も聖母とともに、この大警告の重大性を教えるために、奇蹟をもって証されたことは確かのようです。天使の言葉にもあるように「いろいろのことが晴れて、改心する人もでるでしょう」と予告されているからです。メッセージ全文をここで述べる必要はありませんが、その重大性をもつ警告は、およそ次の三点であるように思われます。

㈠　人びとが悔い改めないなら、御父は全人類の上に大いなる罰を下し、火が天から下り、善人も悪人も司教も共に死ぬ。

㈡　悪魔の働きが教会の上にまで入り込み、教会の中に相互の対立と争いが起き、司教や修道者はやめ、たくさんの霊魂が失われる。

㈢　今以上に罪が続くなら、もはや罪のゆるしがなくなるということを告げ、祈りと贖罪に皆が励むようにしなければならない。

最近ある方の文章の中に、次のような一節がありました。

「聖職者や熱心な信者の減少は、いずこも同じだ。しかし、それを一喜一憂しても何になるか。それは教会内部のの改革とは直接関係はない。あまりに物質支配の体制が人間を堕落させ、改革の結果を悪用させているだけだ。私たちの敵は、物質主義社会である。信仰の本質は不変同一で、勝手に自信を失うほうが悪い」

ここでは物質主義と言われていますが、聖母はサタンの働きが教会に入り込んだと申しておられます。そして聖母は、このサタンの支配と力を追い出すための唯一の武器は、ロザリオの祈りと聖体の中に現存するイエズスへの尊敬と償い、犠牲的愛の信心であることを強調されました。

この警告は、非常に急を要することのように見うけられます。そして、これまで述べてきた以上の事柄は、笹川さんの耳の治癒によって、すべて証しされたと言ってもよいでしょう。

第四章

「マリア庭園」の実現まで

驚嘆と感動と批判を一身に浴びながら、一修女の体験を調査してきた筆者が、マリア崇敬の真髄を説く

（司祭）安田貞治

聖ヨゼフの加護を願って

日本の風光の美しさは、自然の山や川、海などに恵まれたことにもよりますが、特に春夏秋冬という季節の変化に負うところも多いようです。そのような美しい条件が備わっている所には、必ずといってもよいくらい、昔から宗教的な礼拝所、殿堂などが建てられているのです。わたしは高野山をはじめ比叡山、永平寺その他の名刹を訪ねるたびに、その感を深めました。今日のヨーロッパにおいても、キリスト教の有名な巡礼地といわれるようなところには、決まってそのような場所があります。

わたしは前の教会にいた時、どうしても日本人の心情に聖母への信心を植えつけたいと思いました。というのは、これまでのキリスト教国の人たちの信仰の根強さや犠牲心を見ると、それは単なる伝統や教義的理解によって養成されたものではないように思われたからです。多くの聖人伝を丹念に読んでも、そこに隠された聖母への強烈で素朴な信心を見出すことができます。ヨーロッパの人々が、このようにカトリックの純粋な信仰を、二千年近くも養い育て、保ち続けてきたというのは、ひとえに聖母への厚い信心の賜であったわけです。また、わたしたちに身近な日本の隠れ切支丹の人たちにしても、彼らがサンタマリアに対する信心によって、あの恐るべき迫害の中で、キリストに対するまことの信仰を守ってきたということは驚くべきことであります。

これらのことによってわたしは、日本の国土にキリスト教の信仰を根づかせるためには、特に聖母の保護と、人々の聖母に対するまことの信心とが、大切な意義をもっということに気づいたのです。

そういうわけでわたしは、聖母のルルド（南フランスの寒村）出現の百年目を記念して、聖母像の制作を依頼し、以前いた教会の庭に安置しました。またそればかりでなく、聖母信心のためには、それにふさわしい庭をも造りたいと考えるようになりました。特に日本の庭は宗教的雰囲気に満ちているので、ぜひそれを造りたいと思ったのです。

ふとしたことからそのチャンスに恵まれ、その機を逸しては不可能と思い、その計画や設計を然るべき人に依頼しました。その後この計画を、自分の教会の信徒の一部に相談したところ、理想は認めるとしても、いざ実現ということになれば、「その手段であるお金の捻出」という問題になり、誰もウンというものはありませんでした。そこで、わたしは決断して、「皆さまに心配をかけるまでのことはありませんから」と申し、その計画の実行に踏み切ったといういきさつがありました。心ある人たちは、それなりにわたしに協力してくれ、それは今もってありがたく思い、聖母に感謝し、御保護をその人たちのため祈っております。

安田神父の構想はみるみる膨らんでいった

聖ヨゼフの加護を願って

以前のことはこれくらいにしておきましょう。秋田市のこの土地に、どうして聖母の庭を造ることになったか――昨年の春ごろ、ふとしたきっかけで、わたしはこの土地に住むようになり、聖母のこの土地におけるメッセージを、初めて知ることになりました。そこで聖母のお望みが何であるかを薄々気づくようになり、聖母のために庭園を造ることも、これからの将来のために必要ではなかろうかと考えるに至ったのです。そこで聖体奉仕会の皆さんに、それとなく軽い気持ちでそのことをはかったところ、皆さんの意見も、それをぜひ実現したいということでありました。

しかし問題はそれに要する費用のことでした。

約九千坪と庭が広いだけに、莫大な経費がかかるのです。ひとまず費用のことはすべて神の摂理に委ねようということになり、会の長上である司教さまのゆるしを願うことになりました。ちょうどその頃、司教さまはご病気で入院中でありましたので、お見舞をかねて会の責任ある者たちが、そのことを申し出、許可を願いました。ところが案の定、司教さまのご心配も、費用をどうするか、という点にあったようです。今日、何か事をなすに当たって誰もが心配するのは、経済のことでしょう。それほどわたしたちは経済に結びつけられて生きているわけです。一応その件については心配がいらないということを司教さまに説明、ようやく納得していただいたようです。その許しのあった報告は、修道会の皆さんにとって大きな喜びと希望と支えとなりました。

聖母に捧げられる日本庭園のことは、その後いっそうわたしたちの祈りの励みとなり、毎日の共同祈願にさえ加えられ、また聖ヨゼフのお取り次ぎも願うようになりました。ところで五月一日は「勤労者聖ヨゼフの祝日」であります。その日を迎えて、わたしは経済的にも責任を感じていましたから、御ミサの前、一言だけ皆さんに申し添えて献ぎました。

「今日は勤労者聖ヨゼフの祝日でありますので、マリア庭園のために、特に聖ヨゼフのご保護を願いましょう。聖ヨゼフは聖主と聖母のために、ご自分の一生涯を無にして尽くされた方ですから、天国においても、きっと、聖母のために造られる庭のために、喜んで協力して働いてくださるに違いありません。そのための御ミサを献げます」

御ミサを終えて朝食を済ませた後、わたしたちはいつものように聖体礼拝を行ないましたが、祈りの後、笹川さんがわたしたちに近づいてきて、次のようなことをのべました。

「いつもだいじなことを教えてくださる守護の天使が、今日、聖体の礼拝中に現われて『あなたたちを導いてくださる方（司祭）のお考えに従って捧げようとしていることは、聖主と聖母をお喜ばせする、よいことです。そのよい心をもって捧げようとすればするほど、多くの困難と妨げがあるでしょう。

しかし今日、あなたたちは聖ヨゼフ様に御保護を願い、心を一つにして祈りました。その祈りを聖主と聖母は大変喜ばれ、聞き入れてくださいました。きっと護られるでしょう。外の妨げに打ち勝つために、内なる一致をもって信頼して祈りなさい。

ここにヨゼフ様に対する信心のしるしがないことは、さびしいことです。今すぐでなくとも、できる日までに信心のしるしを表わすように、あなたの長上に申しあげなさい』と言ってお姿が消えました」

この時以来、わたしたちの聖堂には、ヨゼフ様の御像が安置されるようになりました。そういえばこの頃では、聖堂内に聖ヨゼフの御像のために場所を設けている教会が少なくなりました。

カトリック教会には、以前から聖人の取り次ぎを求めるという大切な謙遜の祈りがあったのに、典礼の刷新運動によって、いつしか姿を消してしまったのでしょうか。聖母マリアに対する信心でさえとやかく言われる今日の状況を思えば、ましてや、諸聖人の伝統などは、注目に値しないのかもしれません。

汚れなき聖心で国を覆う

さて、秋田のこの小村に聖母崇敬のための日本庭園―わたしたちはそれを「マリア庭園」と呼んでいます――が造られることが、私たち人間の単なる思いつきでなく「聖主と聖母を喜ばせるよいことである」ということを、守護の天使の告げによってわたしたちは知りました。常日頃すべてを投げ打って神に仕えたいと望んでいる人ならば、それが神の聖意であると知ったときは、喜んでそのことに当たるでしょうし、またそれに伴う労苦を耐え忍ぶことでしょう。

一九七四年二月二日、主の奉献の祝日に当たり、教皇パウロ六世は、聖ペトロ以来の地位をもって「マリアリス・クルトゥス」と題した聖母崇敬についての長文の勧告を、全世界の司教たちに送られました。その最後の部分には、

「尊敬すべき兄弟たちよ、私が、神の御母に捧げるべき崇敬について、これほど長く論ずる必要

教皇パウロ六世も聖母への崇敬を強調した

があると思ったわけは、それがキリスト教的敬神の欠かせぬ構成要素だからです。また問題の重大性もそれを要求したのです」

と結んでおられます。また前文の部分では、

「キリスト教的敬神の真の進展には、必ず聖母崇敬の、真実で誤りのない進歩が伴うものです」

と強調されています。

わたしは、教皇のこれらの言葉に接して、聖母敬崇の意を一層深くしたのです。また、わたしは以前から聖母崇敬について話したり、またロザリオの祈りなどを、できるだけ唱えたりしてきましたが、人々はよくそれを批判して「古めかしいマリア崇敬論者」と、わたしのことを言っているようです。最近の典礼刷新運動によってか、新築されたモダンな聖堂の中には、聖母像が安置されて

いなかったり、古い聖堂においても、これまでの聖母像を取り除いたり、あるいはそれほどの行き過ぎでなくとも、聖堂の玄関や出入口に、何か芸術品か装飾のための置き物のように、聖母像が取り扱われている事実に、最近よく出会います。わたしはこれらの情景を眺めるごとに、聖母崇敬を〝古めかしい聖母狂〟と断じている人たちが、教皇パウロ六世の「キリスト教的敬神の欠かせぬ構成要素」ということばを、どのように受け取っているのだろうかと、胸が痛くなる思いがするのです。

一般に日本のカトリック信徒が、聖母崇敬について深い教義や意義を知ることはないでしょうし、ただ彼らを教え導く司教司祭たちの言動によって左右されているにすぎないことは、言うまでもありません。それらを見るにつけ、わたしは十字架の道行きの絵の中に、あどけない子供や少年が十字架を背負っているキリストの先達となって捨札を持ったり、キリストにつけられた綱を引いている姿を連想しますが、このごろ聖母崇敬を軽んじる聖職者たちや信徒を見ると、同じような悲しみがこみ上げてくるのをどうしようもありません。

日本在来の宗教についてはいうまでもなく、新興宗教においてさえ、惜しみなくこの世の土地や物資が、彼らの崇敬のために与えられているのです。ところが全世界において信仰の真理を標傍するカトリックの職者や信徒が、自分の崇敬する神やキリスト、聖母のために適当な場所を、

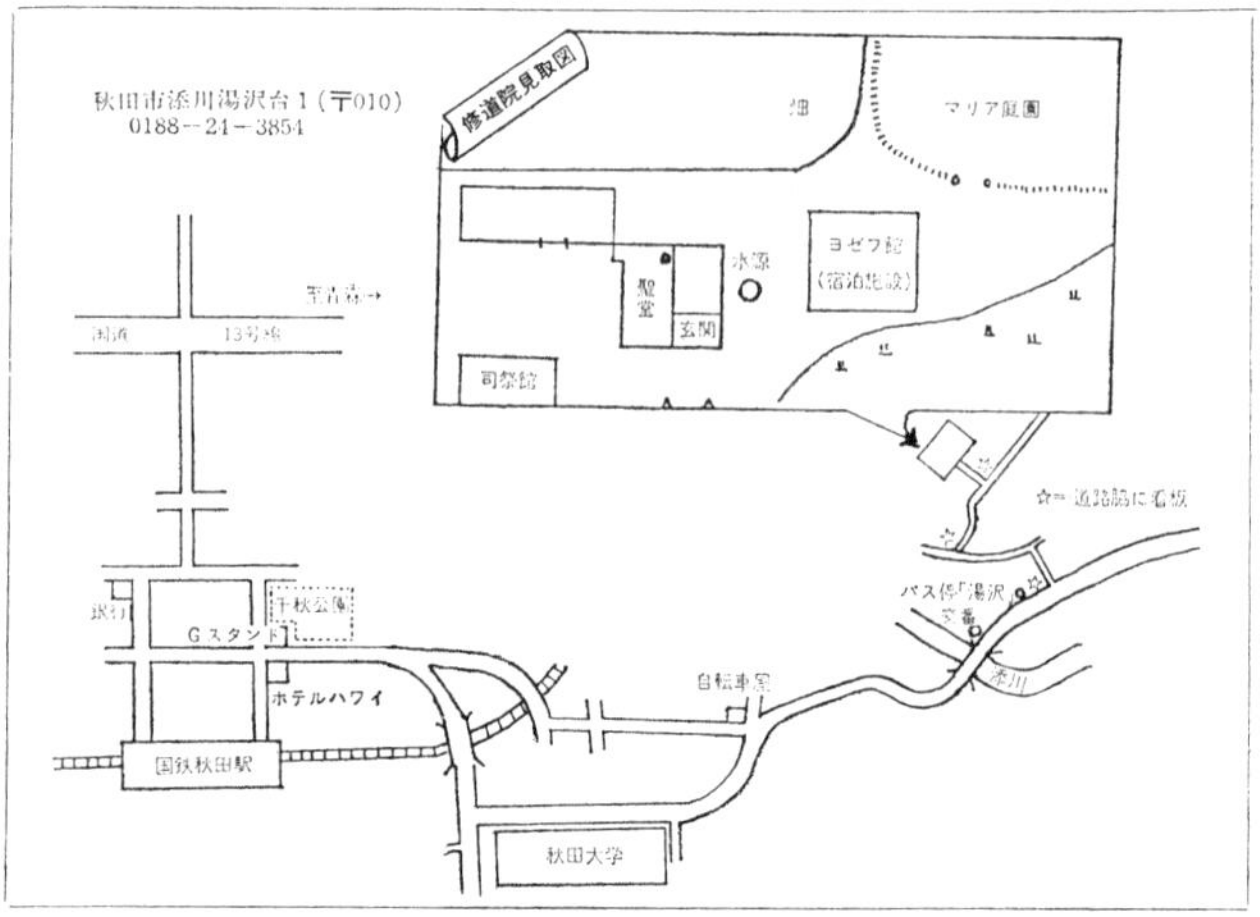

聖体奉仕会への道順

この日本で造り持ち得ないのは、淋しいことであります。

最近ある人たちは、もう今日では、昔のように聖堂を建てる必要もないと言います。各家庭でミサを捧げれば十分だとし、神のみことばに生きることは世俗社会に入って行くことであり、隣人愛に奉仕することにはミサに参加するよりも重要性があると叫んで、それがキリストに生きる意義であると言っているようです。しかし真の隣人愛というものは、犠牲的な愛に生きることによってはじめて実現可能であり、単なる人間本位の隣人愛は、肉欲の愛の領域を超えることのできないものであることを、わたしたちは知らなければなりません。単にミサ典礼の様式が刷新されたことを、人々は喜んでいるようですけれど、もしそれによってミサや典礼の本来の神聖さが失われているとしたならば、むしろそれは、信仰生活において、悲しむべきことでしょう。今日わたしたちは、十分それに気がついていないようです。

「聖母の汚れなき聖心に日本を献げられたことを喜んで、聖母は、日本を愛しておられます。……秋田のこの土地を選んでお言葉を送られ……聖母は御自ら手を拡げ、恵みを分配しようと、みんなを待っておられるのです。聖母への信心を広めてください」

――という天使の言葉を思うにつけ、マリア庭園の重要性が、いっそう裏付けられているのです。

わたしは、この三月以来ずっと、マリア庭園の造園のために協力し働いてくださる人たちと一緒になって、労働服を身につけ、雪や雨にうたれ、風や日光にさらされながら、スコップを握って働いています。その場でわたしはあらためて、労働の意義を感じているのです。キリストが十字架を負ってわたしたちの罪をあがなわれたということは、これこそ最大の重労働であったことに気づき、この頃ではひたいや背筋を流れる汗の玉を感じるごとに、労働にはそのような意味があることを、やっと知るようになりました。聖書によって神のみことばを読み取り、念禱することも大切ですが、しかし労働の苦しみによって神のみことばを悟ることは、なおいっそう深くキリストの愛に突入し、彼の傍らに引きよせられるものであることを薄々感じ、これもマリア庭園の賜物かと感謝しております。

第五章／目撃者の証言

私たちは聖母像の涙を見た

■目撃者の証言　①

聖ヨゼフの日に集った十一人の紳士たち

昭和五十一年五月一、二日の両日、合計五回にわたって、秋田・湯沢台の聖母像から涙が出ていることが確認された。その日木彫りの像から出る涙を現認したのは、五十三人。中に東京・吉祥寺から同地を訪問中の、十一人の人々がいた。日頃は社会の第一線で、いわば奇蹟じみた現象とはまったく無縁に活躍しているこの人々は、肩書きも弁護士、企業の中堅幹部、大学教授、公務員など多彩。いずれも、大きな社会的責任を負う存在である。この人々が、「何とも不可解な出来事」（ある司教の感想）の目撃者となった、以下は、その人々たちがこもごも証言する目撃談――

その日三回落涙現象が

【川崎弘氏＝明治ゴム化成勤務・39歳（昭和51年現在／以下同じ）＝**の証言】**

私たちは、吉祥寺や小金井、浦和などの信者仲間です。湯沢台の聖母像に関する出来事については、噂や昨年来の「カトリックグラフ」による報道で知っておりました。

仲間うちでは、昨年十月と今年の春、秋田へ行こうという話が出ましたがまとまりませんでした。五月はマリア様の月であること、それにゴールデン・ウイークだと休暇もとり易いし、特に五月一日は聖ヨゼフの祝日でもあるので、ヨゼフ会のメンバーでもある私たちとしてはこの機会にぜひ行こう、ということになったのです。

聖ヨゼフといえば労働者の保護者、この日噂に聞くマリア庭園づくりのお手伝いでも出来れば、と思って皆、思い思いの作業衣を持参しました。

【小野文雄氏＝武蔵野市役所勤務・40歳＝**の証言】**

五月一日の午前五時半、吉祥寺に集合して、仲間の車の二台に分乗しました。東北自動車道を福島インターで下り米沢、山形から最上川沿いに酒田まで走りました。参加者の一人が都合で列車を利用しましたので、十人が二班に分かれて乗ったわけですが、途中休憩のたびにメンバーが乗り変わることによって、五回の休憩を利用して全員が顔合わせ出来るようローテーションを組みました。仲間といっても長時間突っ込んだ会話を交わす機会はあまりないので、この試みは好評でした。

話題の中心は別に湯沢台の聖母ではなく、一億分の数十万と信者の少ないわが国で効果ある布教とは何か——といったことでした。どちらの車でも信仰の土着が論じられていたようで、「涙を見たい」といい出す人などいませんでした。

【三枝信義氏＝弁護士・52歳＝の証言】

ドライバーのの私としては、初めての道でもありますし、緊張しっ放しでしたが、疲れはありませんでした。

酒田へ着いたのが午後五時過ぎ。ここから湯沢台の修道院へ電話を入れ、午後八時過ぎに修道院に着いたのです。実はその日既に午前七時二十分、九時半、午後四時二十分の三回、涙が出ていたわけですが、酒田から電話したとき修道院側では、そのことをいえば私たちが道を急ぐあまり事故でも起こしては、と配慮されて何もいわれず、従って私たちは全然それを知らずに秋田入りしました。

修道院に着くとさっそく、安田神父様が「もう聞いたか」と耳打ちされました。その日三度涙が出たということを、私はそのとき初めて知りましたが、別に〝見られなくて残念〟とは思わず、「またあったんですね」とごく自然に返事をした覚えがあります。

【川嶋美都雄氏＝会社員・52歳＝の証言】

私が修道院に着いてからそれを聞いたときの気持ちも、淡々としたものでした。涙を見たいと思って行ったわけではありませんでしたから、「へえ……」と思うくらいで……

【三枝氏の証言】

東京・六本木から巡礼中の韓国人七人の方々と一緒に夕の祈りをし、ミサに与ってかから男子宿舎に充てられたヨゼフ館で夕食をいただきました。もう九時半になっていたでしょうか、遅い夕食でした。

その夕食中に、別棟から電話があり、安田神父様が私たちに、

「いま、また涙が出ています。どうしますか?」

次の瞬間、私たちは反射的にヨゼフ館を跳び出していました。

聖堂に駆けつけると、笹川修道女が祭壇の前に平れ伏していました。聖母像は確かに涙を流しています。私は笹川さんの隣りに座り、額を畳にすりつけて痛悔しました。一番早く聖堂に入った小野さんと私の二人とも、声を出して嗚咽していました。

すぐに他の仲間も入って来、神父さんの「もっと近くに寄ってごらんなさい」という声が聞こえました。ロザリオの祈りが始まったとき私は祭壇の脚部近くにいましたが、とめどなく流れる自分の涙をどうすることも出来ませんでした。

ロザリオの祈りの第二連を唱える頃、聖母像の涙は消えました。このときの涙の量は、翌日の涙に比べてかなり多かったと思います。

祈りを終えてから皆宿舎へ戻って食事を再開しましたが、誰一人として声もなく、感激溢れる

食卓風景となりました。

※編集部注　このとき笹川修道女に与えられた「守護の天使メッセージ」は全文次のとおり。

≪世の多くの人は、聖主《みあるじ》を悲しませております。私は聖主を慰める者を望んでおります。

貧しさを尊び、貧しさの中にあって、多くの人々の忘恩、侮辱の償いのために、改心して祈ってください。

ロザリオの祈りは、あなた方の武器です。ロザリオの祈りを大切に。教皇、司教、司祭のために、もっとたくさん祈ってください。このみことばを忘れてはなりません。

聖母はいつも、一人でも多くの人が改心して祈り、聖母をとおしてイエズス様と御父に捧げられる霊魂を望んで、涙を流しておられるのです。

外の妨げにうち克つためにも、内なる一致をもって皆がこころを一つにし、信者はもっと信者の生活をよくして、改心して祈ってください。

聖主と聖母の御光栄のために今日の日を大切に。

・・・・・・・・・・・・・・・・・・・・・・・・・・・・・・・・・・・・

みなが勇気をもって、一人でも多くの人々にこの信心を広めてください。

このことをあなた方の長上とあなた方を導く方に告げなさい。≫

いろんな疑いが脳裏を横切って

【川嶋氏の証言】

私と仲間の一人・宮田さんの二人は昨年、この修道会の準会員になっていますが、他の仲間がこの機会に準会員として奉献されることを意識して望んでいませんでした。結果的にはこの秋田訪問中に会員が奉献したわけです。いつかそうなるという確信を持っていました。

それはともかく——

翌日正午過ぎ、私たちが昼食を始めたところへ知らせがあって、皆が二度目の目撃をしたわけです。まだ先夜の涙のあとが聖母像の顔の部分に残っており、さらに新しい涙が湧いて頰を伝う、といった状況でした。

【鈴木功氏＝首都高速道路公団職員・48歳＝**の証言】**

私など技術畑出身なので、とかくアタマでものを考えてしまいます。超自然より自然法則を尊ぶんですね。だから一回目の目撃時には、雨のせいではないか、湿気はどうか、といった疑いが頭を横切りました。完全にショックだったのは二度目です。そこにはもう、自然作用の入り込む余地がありませんでしたから。

【松井栄次氏＝郵政省電波管理局勤務・43歳＝**の証言】**

涙が出たという知らせを初めて受けたとき、私もやはり雨露の影響ではないかと考えて、像を目と鼻の先に見据え、そうでないと解ったあと、今度は、誰かがスポイトで演出したのではないかと思いました。

ところが二度目の涙は、像の目からジワッとにじんであふれ、私たちの目の前で次から次へと流れたのです。私たちの理解を超越したこの事実に、やはり感動せざるをえませんでした。

【富田斉門氏＝亜細亜大学勤務・52歳＝**の証言】**

二回目の、目がうるんだあと美しく光り、涙が流れていくさまを見て、何ともいえない感銘を受けました。

私は昨年患い、入院中この修道院の方々に祈っていただいたということがあって、そのお礼をかねて参加したのです。昔フィリピンで三年間修道院で教師をしたことがありますが、それから十数年たってまた修道院の出来事が私に衝撃を与えたわけで、不思議な縁とお恵みです。

【増子武之氏＝日立電子勤務・53歳＝**の証言】**

私の場合、盲人が親切な人に導かれてマリア像の前へ立ったようなもので、何となく湯沢台に引かれて、非常に忙しい中、あたふたと行ったわけです。予想していたわけではないのに、「涙が出た」と聞いたとき、予感が当たった、と思いました。

といっても一回目は呆然と見ていた、というのが実感で、像の台座まで涙が流れていたことが印象に残っているだけです。

二回目は、涙を見ようという意識をはっきり持って見つめました。像の目は、キラキラと光って濡れていました。

【藤井清和氏＝三菱プレシジョン勤務・34歳＝**の証言】**

一回目の涙は予想もしないことでびっくりしました。罪の赦しを願ってロザリオを唱えましたが、実は顔を上げることも出来ず、足元に流れている涙を見ただけで全体を細かく見ていないのです。

二回目のときは、はっきり見ました。左目から大粒の涙が頬を伝って流れるさまは、自然の作為のない超自然の事実です。

【守口忠夫氏＝日網石油顧問・60歳＝**の証言】**

私も一回目は、涙がよく見えなかったくらい感動しましたが、その夜はまだ信じられない気持ちでした。

そして翌日の二回目になって自分の目ではっきりと見極めたのです。これは単なる自然現象ないし精神現象としては証明できるものではありません。

無神論者でない限り、自分が理解出来ないことはありえないことだと決めてしまって私がこの目ではっきり見たことまで調べもせずアタマから否定する傾向があるとすれば、納得のゆかぬことです。
私の場合超自然の力を自分の目で見たことを私の本当の信仰を強めめる機会にしたいと思っています。

この際徹底的に見てやろう

【伊崎泰弘氏＝AIU保険勤務・59歳＝の証言】

秋田へ向かうという行動は、実は私の場合安田神父への畏敬の念のほとばしりが、秋田への旅立ちという行動をとらせたわけで、マリア様の涙は、まったく予期しないものであったわけです。もちろん御血、御汗、芳香など一連の奇蹟的事柄を信ずるにやぶさかではありませんでしたけれども、聖母の御涙をじかにこの目でたしかめたいなどという、大それたというか大きな望みは、心のどこにも持ち合せていませんでした。

静かに湧き出て目頭にたまった御涙が頬を伝って流れ落ちるのを、私はこの目でしかと見ました。瞬間、私は現世の一切を忘れて平れ伏しました。私事にわたる願望などは末のまた末のことだという思いに強くとらわれました。法悦でもなく歓喜でもない、高く志向する心を覚えました。これを上智の賜というのでしょうか。

「神はこれらの事を学者智者には示されず、いと小さき者の上にお顕わしになった」と聖書に書かれておりますように、ぐうたらな私に無限なる神がどうして、何故？ というおののきにとらわれます。

信仰は個人の一部でもなくまたアクセサリーでもむろんない、全人格、全行動とのかかわりをもたねばならないと痛感しました。

大変な体験を経ていま私は混とんの中にいるわけですが、今何かをやらねばならない、何かを始めなければならないと蠢動するものがあります。方向を見つけなければならないと思うのです。

【川嶋氏の証言】

私たちが一回目の涙を見たあとに来られた方があり、私はこんな会話を交わしました。その方が、「私は間に合いませんでした。拝見なさったのですか」といわれたのです。

「がっかりしないでください。涙を見たくて来られたのではないでしょう。見たいなら、あなたの願いに痛悔を添えてお祈りなさい」

と答えたのですが、いや、日常の自分では考えられないことを口にしたものです。何かが私にそういわせたのだとしかいいようがありません。

【小野氏の証言】

第一回目の涙を見たあと、私と広井さんの二人は風呂を浴びながらやはり〝スポイト説〟を論じたものです。

二度目には、「狂信的になってはいけない」と気持ちを押さえながら、同時に「よし、この際徹底的に見てやろう」と決心しました。

涙はあふれて落ち、またあふれては落ちました。私は像に近づき自分の目でそれを確かめました。そして疑うことの非を悟り、皆と一緒に無心にロザリオの祈りを唱えました。

【鈴木氏の証言】

一度目の落涙はともかく、それが何度も重なるので、〝こりゃいかん〟と痛悔しながら祈りました。

【川崎氏の証言】

二度目のとき、私は像から三〇センチメートルの近さで、右目から米粒の涙がキラキラ光って湧き落ちるのを見ました。人為的手法では芸術をもってしても表現出来ない美さでした。他に人がいなければ像の足元に落ちた涙を自分のロザリオにつけてみたい――そんな思いに駆られました。

【三枝氏の証言】

一回目と二回目の出来事の間、即ち二日の朝ミサの折り十一人もの男子が奉献しましたが、女子修道院とあってさぞ壮観に見えたことでしょう。聖母を通して、神に奉献することの意味を、これまでさほど深刻には感じませんでしたが、身も心も捧げる真の意味を改めて悟されました。素直といえば素直、単純といえば単純ですが、私は一〇〇%信じます。

また見て信じることによって、私はずいぶん変わったと感じます。祈りの態度にしても、家族の信仰を導く家長としての態度にしても。

さらにいまは、聖母のメッセージどおり、勇気をもってこの事実をひとりでも多くの人に伝えたいと思っています。

※編集部注　帰京後、十一人の報告を受けた周囲の反応はさまざまだった。父親の貴重な体験を共に喜びあった家族、テンから信じない家族。電話口で信仰の分かちあいの出来た例もあるし、「そんなバカな」と一蹴された例も。

十一人の中にも「何といわれようと私は見たままを知らせる」という積極派から「人を見ながら慎重に」という慎重派まで各人各様だ。しかし十一人は声を揃えてこういう。

「湯沢台の出来事をいたずらに否定したり無視してはいけないと思う。一日も早く客観的調査に踏み切り、結果を公表すべきではないか」。

■目撃者の証言　②

聖母像の涙

一九七三年以来、秋田市郊外の女子修道院聖堂で不思議な現象が相い次いでいる。聖堂に安置された木彫の聖母像から涙、汗、血が出、全聾の修道女が聖母の告げを聞いた――　半信半疑で何度か取材を重ねるうち、ついにその出来事は私の眼前で起こった。

（報告者／「カトリックグラフ」編集長）山内継祐

考えてみれば、何とも割り切れない話なのであった。それまでは誰がいつ何を見たかについて過不足なく書くことを心がけていればよかった。編集者である私にとって木彫りのマリア像から汗が出ようと血が吹き出そうと、極端にいえば、どうでもよいことだったのである。現象が世間の関心の対象である以上、それを報じることは私にとって職業上の義務なのであり、取材の動機はそれだけで十分だった。

が、いますでに、私は自分が〝当事者〟になってしまったことを認めないわけにはいかない。見てしまったのだ、木像から流れ落ちる涙を。

これ以上起こらないでほしい……

「一九七六年五月一日と二日に合計五回にわたって、聖母像から涙が出、笹川修道女にメッセージの伝達があった」という情報に接したとき、正直なところ月刊「カトリックグラフ」誌スタッフは一様にたじろいだ。

一九七四年十二月、秋田市郊外の修道院聖堂に置かれたマリア像にまつわる奇妙な事実をスクープして以来、同誌は知り得たすべての情報を読者に提供して来た。当時陰微な噂として流布し始めていた事実を、出来るだけ精緻な情報として正しく伝えたかったからである。

だがこの情報は、日本のカトリック教会指導者層の間で、ひどく不興を買った。「世迷い事を仰々しく書きまくって商売の具にする雑誌（一部高位聖職者の間ではこれが本誌の代名詞となった）を読んではいけません」――陰に陽にこの種の勧告が行なわれた結果、本誌の部数の伸びはぴたりと止まり、やがて激減し始めた。「あの記事さえなければねえ」と気の毒そうに電話の向こうで購読中止を伝える修道女の声を、私たちは幾度耳にしたことだろう。

それでも一方に、奇妙な出来事を淡々と証言する人々のいることもまた、事実であった。彼らの真剣な訴えによれば〝出来事〟はあらゆる方法で多くの人に伝えられねばならないという。むろん多くの高位聖職者のように、彼らの証言をウソだと断定することも出来たろう。しかし、彼らがウソをつかねばならぬ蓋然性と、ウソと断定する乱暴さを比較してみたとき、私たちのとるべき態度は明らかだった。私たちは取材と執筆を続け、部数は減り続けた。

一九七五年十二月号をもって、秋田・湯沢台の聖母像に関する報告が終了した。正直なところ、私たちは安堵した。事実、以後の本誌は少しずつ部数を回復していった。私などはこころ秘かに、秋田でこれ以上、何事も起こらぬことを期待した。つまり、何か起これば私たちはその責務上、読者に事実を報告しなければならない。報告することは即ち、購読中止の増加を意味する。

従って――ほぼ一年ぶりに聖像から涙が出たという情報は、スタッフを当惑させたのである。

「どうする？」

埼玉在住の会社員・長谷川昇氏から届いた速達便による証言を回覧し終わったあと、私はスタッフに尋ねた。

「まあ、事実として証言がある以上、載せないわけにはいかないでしょうね」

「君たちの普及努力が水の泡になるかもしれないぜ」

「それが現実なら、仕方ないでしょう。それもこれも御旨《みむね》というヤツで」

論議しているところへ、東京・吉祥寺教会所属信者である旧知のI氏がひょっこり顔を出された。無沙汰のあいさつもそこそこに氏は語られた。

「実は、この連休に秋田へ行きましてね。出たんです、あの涙が……」

証言は多いほど、客観性が高くなる。私はその場で、I氏とそのお仲間十一人に目撃証言を依頼した。

次の号で十一人の紳士に証言を依頼するとなれば、カット写真が必要だな、と私は考えた。過去六回の取材で編集部が撮り貯めた写真は既にあらかた発表し尽くしている。それに、かねてから修道院脇に造成中だった庭園も、完成に近づいているという。以前の写真では間に合わないだろう。加えてもう一つ、私には、ぜひともあのマリア像と対面する必要があった。

こんなところで――

五月十三日に秋田へ出張する、と妻に告げると、妻は同行を願った。かねて一度は行きたいと思っていたし、十三日は自分の勤める会社の休日に当たるから好都合なのだ、という。仕事に妻をつき合わせるのは私の主義に反するが、私は承諾した。私の仕事はいまや危急存亡の瀬戸際に立っているのだ。この機会を逃がせば方向オンチの彼女は秋田行きのチャンスをおそらく永久に失うだろう。行けるうちに行っておくしかない、と私は思った。

五月十二日の夜行寝台特急はほぼ満員だった。何年ぶりかで旅行する、と妻はひとりはしゃいだ。まるで子どものように、広い車窓に額を押しつけて目を輝かせている。布教誌と取り組み始めて足かけ七年、考えてみれば私は彼女に、休息らしい休息を一度も与えていないのだった。

暖房するには暑すぎ、冷房するには寒すぎる季節の寝台車は、寝苦しい。翌日祈りの場で吐き出さねばならぬ言葉を選んでいる身には、その寝苦しさがありがたかった。

梅雨のはしりを思わせて、朝の秋田駅頭は濡れていた。ミサやそれに続く朝食という静かな修道院のスケジュールを邪魔してはならないから、と妻は気を使い、九時を過ぎてから私たちは駅前でタクシーを拾った。

秋田市の東郊外に広がる添川地区は、川とそれに沿って走る国道を低辺として南北に、ゆるやかなうねりをみせる台地である。その一つ、湯沢台と呼ばれる丘陵には、修道院と牧場と日蓮宗日境寺のほか何もない。「こんなところに」と妻がつぶやいた。高い塀をめぐらす豪壮な東京近辺の修道院しか知らぬ彼女には、門扉さえない泥道が驚きだったのだろう。

異常に黒く、光る像の顔

玄関でシスターの出迎えを受け、棟続きの修道院応接間で安田神父にあいさつしたあと、私たちは聖堂に入った。聖堂入口で聖水に指水を浸した妻が、立ち止まっていった。

「あら、この聖水、いい香りが……」

十字を切るため額から胸元へ指を移すとき、鼻先に香ったのだという。続いて聖堂へ一歩踏み入ると、彼女は小声で囁いた。

「聖堂の中も、いい香りがするわ。でも、聖水の香りとは全然違う香りよ」

私には香らなかった。いわれて、意識的に鼻をひくつかせても、何の香りもしない。先入観による自己暗示ではないかと、私は思った。彼女は「カトリックグラフ」の読者として、ときたまこの聖堂に不思議な香りが漂うことがあることを知っているはずだ。私は妻の訴えを黙殺することにした。

祭壇の前、畳敷き信者席の最前列で、私たちは祈った。「さて、何から切り出すべきか――」と思案しながら、瞑想に入ろうとしている私に、一人の修道女が「どうぞ、御像の側へ」と勧めてくれた。

久しぶりに見るマリア像のアゴの部分が、白く塩を吹いている。五月一日と二日に涙が流れたとき拭かずにおいたため、涙が乾いたあとアゴや足元に白く塩を吹いた状態で残ったのだという。

マリア像の顔の部分が真黒く見えた。修道女から以前に、ときによって顔色が変わると聞いてはいたが、こうも黒光りする顔色を過去の取材中見たことはなかった。あの話は本当だったのかな、と私は思った。それにしても、いま目前にある像の顔色は黒すぎる。それに、テカテカと光りすぎているのではないか。私は像に近寄り、油を塗り込めるなどの細工がほどこされていないことを確認した上で、修道院応接間に引き返した。そこに保存してある「カトリックグラフ」のバック・ナンバーからこの像の写真を見つけて、現状と比較するためである。

写真はどれも、いま見た像ほどには黒くなく、光ってもいない。当時の撮影条件を思い出しながら比較したのだが、この日の像の黒光りするさまは、私にとって異常だった。

再び聖堂へ引き返し、私は写真を撮った。あらゆる角度から撮って、帰京後もう一度ネガを比較してみるつもりだった。それから、私の使うストロボも気にならぬ気に祈っている妻を置いたまま外に出、ほぼ出来上がった庭園にレンズを向けることにした。

私が持参したフィルムはコダックのトライXで三十六枚撮り一本。レンズは35ミリと90～250ミリ・ズームの二本を用意した。座談会のカット用としてはフィルム一本あれば十分だし、ズームを持って行ったのは、庭園に据えられたマリア石像の表情を撮るためだった。

石像は昨年暮れの取材時既に据えられていたが、その表情に品がなさすぎて私は好きになれない。とはいえ、品のなさを口で表現するのがむつかしいので、写真を見せて周囲の人々に実証したかったのである。だいたい「マリア庭園」と名づけられたこの庭園づくり構想そのものに、私は個人的不快感をもっていた。もしマリア像にまつわる不思議な出来事やメッセージが本当であったとしても、庭園づくりは〝悪乗り〟というものではあるまいか、と思ったのである。ただでさえ〝世迷い事〟扱いしている批判勢力に「そらみたことか、あんなことをしたくて――」といわれることを、私は恐れた。

しかし、修道院側は真剣に造成工事と取り組み、いまや完成まであと一歩にこぎつけてしまった。私的な好悪は別として、写真を撮る必要はある、と私は考えた。

シャッターを切りながら園を一回りし終わり、気がつくとフィルムはあと二コマ分を残すだけになっていた。その場で撮り尽くすことも出来たのだが、私はそれ以上撮らなかった。そのときはっきりと「万一あのマリア像にあれ以上の変化があったときのために」と意識したことを覚えている。

私は疲れました

午前十一時四十五分、聖堂で昼の祈りが始まった。昨日から泊まっているという長崎のYさん母娘、地元・秋田教会の婦人会など二十人を越す人々が祈りに参加した。私は手渡された祈禱書の詩篇を目で追い始めていた。

「あなたは、いったいどんなおつもりなのですか。この修道院を選ばれて、全聾の修道女にメッセージを告げられ、木彫りの像から涙や汗や血を出されたという。

メッセージを広く伝えよ、と命じられたと聞いて、グラフではすべてを書きました。私たちとしては、この使命ゆえにこそグラフが刊行され続けているのではないかとさえ思っています。そうでなければ、司教団首脳にきらわれ、資金の乏しいグラフが、今日まで生き続けることは出来なかったかもしれません。

それにしても、一連の出来事のためにこの修道院とグラフが浴びている批難は、小さくありません。ことに、私にとってはもう、耐え切れない重荷になってしまいました。

その上さらに、この五月初め、五十人以上の人々が、マリア像から流れ落ちる涙を目撃したといいます。出来事のすべてを伝えると読者に約束している以上、グラフがこの事実を書かないわけにはゆきますまい。けれど、それは同時に、グラフを決定的に窮地に追い込むことになるでしょう。

カトリック社会に何とか真の報道機関を、と願って、私は肩ひじ張って来ましたが、もう疲れました。まったく余力がありません。これまで毎月の経済的な危機を乗り越えられたこと自体、あなたのお取り次ぎによる奇蹟だ、と私は思っています。その恵みには感謝いたしますが……

予定される目撃者の座談会だって、しょせんは誰が何を見たかを伝える形式のもの。もし出来事が真実なのなら、私にもお見せください。そうすれば私はグラフに一人称で胸を張ってことが出来るではありませんか。

といっても、涙を出すも出さぬもあなた次第ですね。ま、あなたのお望みどおりなさってください。とにかく私は、もう疲れました」

ほとんど聖櫃《せいひつ》を睨みつけるように見つめたまま、私は祈った。祈りは神との対話である。いま思い出すままに書きながら、私の祈りの愚痴っぽさに恥じ入る思いだが、そのように祈ったことが事実である以上、穏しようもない。

いつものことながら、和やかな昼食であった。採りたての山菜、こころ尽くしの味噌汁は決してぜいたくとはいえないが、巡礼者と修道者が揃って囲む食卓には笑いが絶えない。長崎から船、飛行機、列車と乗り継いで来たYさん母娘の信仰談議は太い筋金を感じさせたし、つい先日涙を目撃した修道女の話には深い感概があった。Yさんの御母堂が「涙を見ることは出来なくても、聖堂で祈ることの出来た感激が道中の苦労を忘れさせます」といわれ、妻が大きくうなづく。

食後安田神父と修道女たちは巡礼者に休息を勧めた。夜行列車や長距離ドライブの末駈けつける巡礼者にとってはありがたい配慮である。が、私たちには帰途に予定したもう一つの仕事があって、私は三時過ぎに秋田を発つ列車を予約していた。「庭に出てみようか」という私に、妻は「時間がもったいないから、もう一度聖堂へ行きましょうよ」と提案した。午前中異様に黒光りしていたマリア像がどうなっているか、気になっていたこともあって、私は同意し、カメラ・バッグを下げ、妻の後ろに従った。

湿気は？ 雨漏りは？ 細工の余地は……

聖堂入口の聖水入れを指差して、妻が「いい香りがするでしょう」という。「別に……」と答えると彼女は聖水に浸した指先で何度も十字を切りながら、「ほんと。今度は香らないわ」と首をかしげる。そんな妻を後にして聖堂へ入り、祭壇右奥のマリア像に目をやった私は「あれっ？」と声を上げた。像が白いのである。顔の部分だけでなく、全体に白々としている。顔の白さは、午前中の黒さが印象的だっただけに、きわだっている。

「オーイ」と妻に声をかけて促し、私は祭壇へ一気に歩み寄った。白い像の胸元に一点の黒いシミ。トランプのスペード印を逆さまにした形のそのシミに、私は見覚えがあった。昨年三月に涙が流れたとき秋田市内の写真家が揃ったカラー写真に写った涙の跡が、確か同じ形であったはずだ。

私はマリア像に近づき、像の顔から三十センチ、いや十センチくらいの位置で観察しようとした。その私の鼻先に、水滴が光っていた。水滴は大粒で丸く、像の右頬に止まっている。右目が濡れて光り、下まぶたから水滴まで一筋の水跡がついている。水滴の止まった部分から像のアゴにかけて水跡は続き、アゴ先にも大きな水滴。さらに喉の部分が濡れ、そして胸元のくぼみにたまった水が服の上端でせき止められていた。逆スペード型の黒いにじみは、せきを切って流れ出た水の浸み出たあとであった。

それだけのことを、私は一瞬のうちに見たように思う。一歩退いて像を見たまま、「出てるぞ！」と私はいった。「恐い」と叫んで妻が私にすがりついた。私は像から目を離さずにいたが、頭の中では様々な思いが交錯した。

初めに「本当に、涙なのだろうか」と考えた。祭壇脇の香部屋に足を運び、誰もいないこと、その部屋の手洗い用水道が使われた形跡のないことを、まず確認した。それから像の真上の天井に雨漏りの跡のないことを確認した。デコラ張りの祭壇脚部や聖堂のグラスなど湿気によって水滴のつきそうな部分を目で追い、その可能性を探した。それらの作業には一分もかからなかったろう。像は右目をうるませ、涙を流し、胸元にたまった涙は服の部分に浸み出たままである。

私は妻を促して像の前に跪き、「天使祝詞を唱えよう」といった。いまはすべてをこの美しい祈りに集中しようと決心したのである。冷静に、冷静にと自分にいい聞かせているつもりだったが、声の震えをどうしようもなかった。

「めでたし、聖寵満ちてみてるマリア——」

私はゆっくりと唱えた。突然傍らで妻が声を上げて泣き出した。それが彼女の祈りであろうと考え、私は祈り続けた。生まれて初めて無心に祈った、と私は思う。私が神がすぐそばにおられることを実感していた。神の業のすばらしさを私は見ていた。アタマで理解している教義のすべてが、そこにあった。

キリストの顔か

祈りを唱え終わった私は、写真を撮りたい気持ちに駈られる一方で、早く皆に知らせなければ、とも思った。もしこの事実が真実なら皆に知らせる方が先だ、と心を決めて「よく見ておくんだぞ」と妻に言い残し、私は別棟で執務中の安田神父の許へ走った。

「神父さん、出ています、いま」

安田師は畳敷きの部屋に正座して原稿執筆中だったが、無言で立ち上がり、走り出された。私はそれから聖堂と棟続きにある応接間と食堂へ走り、食後の休息をとっておられる巡礼者の一団と、あと片づけに余念のない修道女たちに、「いま、涙が出ています」と告げた。

聖堂へ戻ってみると、妻は祭壇に座ってじっと像に見入っており、安田師がその後ろに立っておられる。私に続いて巡礼者たちが駈けつけ、祭壇中央の机が香部屋へ移された。薄いカーペットを敷き詰めた祭壇いっぱいに人々は座り、そこに座り切れない人々は信者席の前部に跪いた。

マリア像は、依然として白かった。誰が促すともなくロザリオの祈りが始まり、それはすぐに全員の祈りとなった。私は聖堂脇に置いたカメラを手にして安田師に撮影許可を動作で求めた。師は黙ってうなずかれた。フィルムをわずか二枚しか残さなかったことを後悔しながら、「ブレてくれるなよ」と祈るような気持ちでシャターを押す。

ロザリオの祈りが続いた。不覚な話だが、ロザリオを持参しなかった私は、手の指をもう片方の手で握りながらそれに加わった。

祈りながら私はマリア像を、穴のあくほど見つめた。背負った十字架から指先まで白い像の、とりわけて白い顔。被ったベールや服の輪隔が輝くように見えるのは錯覚なのだろうか。マリア像の表情からあのきびしさがすっかり消えている。私は、ふと、この顔はキリストなのではないか、と思った。マリアの姿をとってはいるが、キリスト像なのではないか――

それまで考えてもみなかった思いに、私はしばらくの間とらわれていた。

ロザリオの祈りが一環の終わりに近づいたとき、像胸元のにじみがすうっと消えていった。

「あ、涙が消えてゆく、消えてゆく……」と思っている間の、絵にかいたような消失ぶりである。そのとき私の位置からは頬の涙やアゴの涙は確認出来ず、胸元のにじみの変化だけが鮮かに目に映った。

すべてが終わったあと、残された時間を妻と二人でさらに聖堂で過ごした。私は「これが神の答えだな」と確信していた。苦しくても辛くても、グラフ刊行を続けよ、という神の意志を、私は感じ取った。むろんこの日の出来事は、神による他の意志表示であったかもしれない。しかし私には、確信だけが残った。懸命に祈れば神の応えがあるものだ。そんな、いまさらながらの祈りの意義を私は思い知らされた。

私たちは予定された汽車に乗って秋田を離れた。ガラ空きの急行だったが、私も妻も声一つ出ない。夫婦喧嘩のあとの気まずい沈黙とはまったく違う、豊かに満たされた沈黙を、私たちは味わっていた。たまに口を聞くと、それは自分たちの生涯に二度とないであろう奇蹟の話となり、それを語りあうたびに二人とも、にじむ涙を押さえ切れなかった。

「見たままを言っても、誰も信じてくれないでしょうね」

と妻はいい、

「だって、現に見た私でさえ、いまだに信じられない気持ちだもの」

と付け加えた。

「マリア様は、『見たことを伝えなさい』って……」

「やるしかないだろう。でも、狂信者扱いされるだろうな」

と私は答えた。

「しかたがないよ、見ちゃったんだもの」

という私のつぶやきに、妻は黙ってうなづく。

いまでも、私は友人にあの出来事を話すたびに涙が出る。それを感情の昂ぶりといわれるならそれでもよい。ありていにいえば自分では、うれしさと感謝の念のない混じった涙ではないかと思っている。

秋田・湯沢台の出来事について諸兄姉にお伝えすることは、まことにむつかしい。五月十三日までは、私にとってほとんど責め苦でさえあった。しかし今は違う。私は胸を張って各位に証言することが出来る。「私は聖母像から流れる涙を見ました。あれは事実です」と。

■特別稿

ふしぎな聖母像

遠藤周作

四カ月ほど前、こんな話を、耳にした。

東北の秋田市のはずれに聖体奉仕会というささやかなカトリックの修道会がある。この会の修道女たちは在俗修道会といって世間から隔離して生きるのではなく、世間の人と一緒に働きながら、清貧と祈りの生活を送るのだが、そこのチャペルで考えられぬようなことが起ったと言うのだ。

考えられぬようなこととは、そのチャペルに置いてある聖母マリア像の眼からある日、突然泪《なみだ》がながれ、額は苦しげな汗にぬれ、そしてその手にある傷跡から血がふき出たというのである。そしてその会にいる耳のきこえぬ修道女だけに聖母マリアは話しかけた。同時にこの修道女の掌《てのひら》もひどい痛みに襲われたそうである。

以上が私が耳にした話のあらましだが、それを聞いた時、私は本当かいなと思うと共に好奇心も疼いた。こんな話に出くわすとすぐとんで行きたくなるのが私のわるい癖である。

友人でカトリックの三浦朱門に電話をかけこの荒唐無稽とも思わるべき話をどう思うかとたずねてみた。すると、

「ぼくはそんな話は苦手だね。しかしまァ、日本の基督教《キリスト》にもそんな迷信じみた話も起ったというのは、この宗教が多少、土着化してきたことかもしれないな」

とまことに三浦らしい返事であった。

三浦のため誤解のないように説明すると数年前、彼とローマに出かけたことがある。ローマには一方ではローマ法王庁のような大機構やカトリックの優秀な大学があると思えば、他方では怪しげな骨をみせて、これが聖書に出てくる聖トマの指の骨ですという教会もある。ある夜三浦と下町で飯を食って散歩していたら四十歳ぐらいのパン助に声をかけられた。翌日、女房と同じ下町で飯を食い、近所の教会にふと入ってみると、昨夜のパン助が蠟燭《ろうそく》の灯の下で懸命に祈っていた。なぜか私は感動してこの話を三浦にすると、

「宗教が人間の心に根をおろすためにはそうでなくてはならない。高度なものや純粋なものと一緒に迷信的な聖トマの指を見せることも必要なんだ」

と彼が言ったのを憶《おぼ》えている。

三浦の意見に私はまったく同感だが、彼と私がちがうのは、そういう話を聞くと私は矢も楯もたまらず見にいきたくなる点である。近所の家で夫婦喧嘩《げんか》をしていれば三浦は窓をしめて自らの仕事を続けるだろうが、私のほうは何もかも放りだし駆けていって聞き耳をたてる違いである。

とに角、暇をつくって行くことにした。そこで本誌のA君に秋田に電話を入れてもらうと、修道会では聖母像はどう御自由に御覧になっても結構ですが、しかし話やインターヴューはお許しくださいという返事だったという。

はじめはムッとしたが考えてみるとこれは向うの立場としてはもっともな話である。まずこんな考えられぬような出来事は世間の誤解や批判を受ける怖れがある。日本の新興宗教とちがって西欧の現代カトリック教会では奇蹟とか、ふしぎな出来事にはきわめて慎重である。有名なフランスのルルドでも、病気がそのルルドの泉によって癒えた人でさえ医学者があらゆる科学的角度から調べる。そして医学的に考えられぬような奇蹟的治癒でも教会はこれについて否定もしないが肯定もしない。沈黙を守っている奇蹟とかふしぎな出来事はありうるかもしれぬが、しかしそれは本当の宗教的なものと関係があるかどうか本質的にわからぬ限りは、西欧教会は問題にしない。

だからその修道会が我々にたいし非常に消極的な態度をとったことはよくわかる。そこにある聖母マリア像にふしぎなことが起ったとしても、それをできるだけ沈黙しておこうという気持は理解できた。

そこで私はA君にこの出来事の一部を比較的詳細に書いたカトリック・グラフという雑誌をとり寄せてもらって読んでみた。

それによるとこの出来事は一度だけではなく、二年前の夏から何度も起っているのである。のみならず目撃者はそこの修道女だけでない。二十人の普通の信者たちも聖母が泪を出すのを見ている。のみならず秋田大学の医学部がこの聖母から出た涙と血を検査した結果、人間のものにちがいなく、しかもその血がB型であることがわかったのである。私の好奇心はますます疼いた。

ある日、私は友人の秋野画伯に電話をかけて、

「あなたのお母さんに会いに行きませんか」

と冗談を言った。それは秋野画伯は彼を知っている人が誰も言うように「泣きべそかいたイエスさま」のような顔をされているからだ。

「それからB型の人って、どんな性格ですか」

とも訊ねた。画伯は最近「血液型による性格判断」にこり、会う人ごとにあなたの血液型は、ときているからである。

「B型は」と彼は答えた。「ぼくもそうです。外に愛想よく、内ではムッとしている性格です」

思わず私は笑った。マリアさまと泣きべそかいたイエスさまのような秋野画伯とが同じ血液型というのが可笑《おか》しかったからである。

ヨーロッパでは聖母が出現したという話は時々ある。アナトール・フランスの短篇に「聖母と軽業師」というのがあって貧しい軽業師が一人教会でみせる軽業に聖母が感動した話は有名だが、しかし創作ではなく事実として有名なのはさきほどのべたフランスのルルド、それからポルトガルのファティマである。

ルルドの場合は今更《いまさら》、説明するまでもないのだろうが二世紀前、このフランスとスペインの国境にちかいピレネー山脈の寒村でベルナデッタとよぶ少女が友だちと山に薪《たきぎ》を拾いにいった時、聖母が出現した場所である。聖母が出現した場所から泉が湧き、その泉の水がその後、不治の病人、医者も見離した患者を一瞬にして健康体にするというふしぎな出来事が次々と起っているので、今日でもこのルルドには担架や携帯寝台にのせられた病人や医者や看護婦をのせた列車が出ている。

邦訳もされたアレキシス・カレル博士の「人間、この未知なるもの」を読んだ人もいられるだろうが、リヨン大学医学部のこの教授はこうした奇蹟に疑惑と軽蔑を持ち、こうした病気が治癒するのは当人が神経障害の場合だけだと考え、その非科学的な虚偽をあばくためルルドに向った。特別列車で博士は同じ車両にいるマリー・バイイという第三期の腹膜炎にくるしむ女性を診察してみた。彼にはこの女の恢復は絶望的に思われたので、水浴は危険だからルルドの泉などにつかってはいけないと注意を与えるより仕方がなかった。

ルルドについたあともカレル博士は彼女のそばにいた。彼の忠告を守って、マリーの家族は病人の体をルルドの水でふくだけにとどめた。

ところが奇蹟が起ったのである。青ざめた彼女の顔に血の気がさし、異常にふくれたその腹部も小さくなっていった。それは午後二時四十分だった。三時に彼女は牛乳をのめるようになった。四時にはまったく健康体の常人になっていた。茫然としたカレル博士は詳細に彼女の体を調べ、それをノートにとったが、それは疑うことのできぬ事実だったのである。

ポルトガルのファティマも同じように羊飼の少年に聖母が出現した場所である。先年、私はポルトガルに旅した時、このファティマに寄ったが周りはルルドのむかしと同じように白い岩石のちらばる寂莫《せきばく》とした丘陵地帯であった。

ヨーロッパをかりに日本にあてはめると、ポルトガルやスペインは中心部からはずれた「みちのく」(道の奥)という点で日本の東北にあたる。巴里やロンドンとマドリッドやリスボンとの対比は、たとえば東京対秋田と言うことさえできるかもしれない。カトリック・グラフによると今日まで聖母はたいていこのような山ぶかい盆地に出現することが多いそうだ。

我々は出発した。空はよく晴れて爽快な秋の一日だった。旅館に鞄をおき、秋野画伯、編集部のA君と車でその修院にむかった。修院もまた秋田市内からはずれた丘陵にあり、丘陵の上は台地になり、そこから秋空にうかぶ連山が見わたせる。

ささやかで地味な修院の庭は畠になり、コスモスが咲きそこで頰かぶりをして長靴をはいた修道女が大根を洗っていた。民家と同じような修院のなかは人影もない。声もしない。ここの修道女たちは皆、外で一般人と同じように働いたり、畠で作業をする。正直な話、どこかの農家という感じである。ふしぎな出来事が起った気配はどこにもない。

用件を言ってそのチャペルに入る。木の聖母像は祭壇の右手にあり、想像していたよりずっと小さい。

カトリック・グラフの写真で見たのと、いささかちがう。白木の顔から首のあたりと手とが褐色に変色しているためか、普通の聖母像のようにやさしげな姿とはことなった印象を与える。あえて言えば今、大きな手術をうけ終ったばかりの女性のように憔悴《しょうすい》したイメージなのである。

チャペルに入ってきた品のいい修道女にA君が色々と質問をするが、懸命になって答えない。

のみならず秋野画伯が写真を撮っていいかとたずねると、これも断わられた（しかし、画伯はひそかに写真をとったが、これにはあとで出来事が起る）。彼女たちにとって事実であったことも世間の眼からみれば荒唐無稽なこととして失笑、軽蔑をうけ、あるいはキリスト教とはそんなに時代遅れの宗教かと批判されるだろうから彼女が質問に答えぬのは無理もない。私はその立場がわかるから、それ以上、何も言わず失礼することにした。

しかし、これではわざわざ秋田に来た甲斐もない。そこで、その夜、秋田大学医学部の奥原教授にお目にかかることにした。

教授はこのマリア像から流れた汗、泪、血を修院とY神父の依頼をうけて、同じ医学部の法医学教室の匂坂《さぎさか》助教授に鑑定をたのんだ方である。

がらんとした夜の研究室でこのカトリック信者の教授は快く我々に話をしてくれた。私はまず、最初にこの出来事があった時、聖母マリアの声をきき自分の手にも烈しい痛みを感じた耳の不自由なS修道女はどういう人かとたずねた。よく神がかりの人にこういう現象があることを知っていたし、それが自己催眠もしくは自己暗示によるものだとも考えたからである。すると奥原教授は自分もそうかと考え彼女を最初は色々な形で鑑定？　されたそうである。

「いえ、いえ、決してそういう人ではありません。逆にノーマルなぐらいノーマルな方なんです」

「そうですか」私はうなずいた。

「あのマリア像は少しきびしい顔をしていますね」

「ははァ」

この時、教授は少し皮肉っぽい顔をして、あの聖母はある人には優しい顔を、ある人には美しい顔を、ある人にはきびしい顔をみせるという話ですと言った。きびしい顔をされるのは素行わるき者、信仰たらざる者ではないかと私はヒャッとして、それから問題の核心に入った。

「泪や汗や血はどんな風にここに持参されたのです」

「Y神父がそれをぬぐったガーゼを持参されました」と教授は答えた。

「ふしぎなことですが、汗のついたガーゼからは言いようのない芳香がしました」

「どんな匂いです」

「それは……とても言葉では言いあらわせぬ匂いでした」

「先生はそれを鑑定した法医学教室の匂坂助教授に事情を説明されて、ガーゼをわたされましたか」

「いいえ。私はそれでは主観、偏見が入るといけないと思い、事情は説明せず、自分の研究のためだと言ってお願いしました。だから匂坂助教授はその段階ではそれが聖母像から出たもとは知らなかったのです」

「それで鑑定の結果は？」

「汗は鑑定できませんでしたが泪と血とはまぎれもなく人間の泪、人間の血でした」

事実、編集部のA君は東京から法医学教室の匂坂助教授に電話をかけている。その時、助教授も同じ答えをされている。

奥原教授はその後もたびたび修院をたずねられたそうである。そして教授自身、泪や汗や血は目撃しなかったがその聖像から発散する「たとえようのない芳香」をかいだことがあると言う。芳香は時にはあのチャペルに充満することもあったそうだ。

「しかし私が見た時、聖母像に手の傷跡はありませんでしたが……」と私は言った。

「消えたのです。傷ははじめは十字架の形をしていて、その後、丸く非常に深くなったと聞きました。それが一日で消えたのです」

もちろん奥原教授との会話はこの通りそのままではなかったが、そういう内容だった。更につけ加えると、「言論人」という新聞に教授自身、この間の経過を執筆されているのでここでお許しを願って、引用させて頂く。

「本年一月十一日、秋田市郊外にあるカトリック修道院から突然『うちの木彫のマリア様のご像が今度は涙を流されたのです。実はその科学的証明を依頼したいのですが』という電話が大学の私の部屋にかかってきた……筆者はその電話をうけるまでは全く知らないでいたのである」

「涙を流す聖母像は目撃者の一人によって見事にカメラにおさめられ証拠として保管されている。……これら一連の未知の現象が最も信頼され得る人々によって全く客観的に観察され、しかも資料が科学的に証明されえたことはまことに不思議と言わざるを得ない。筆者はこの不思議にふれて肉体の限界の彼方にある世界にいたく魅惑を感じた」

奥原教授はカトリック信者だが、この像を作った彫刻家の若狭三郎氏はそうではない。私はその夜、若狭氏に電話をかけて、感想をきいてみた。

「あのマリア像はどんな木で作られたのですか」

「桂の木です」

「どこでお求めになりましたか」

「秋田の木材店です。いつも材料を買う店です」

氏自身は自らの制作した聖母像にこんな出来事が起るとは全く考えていなかったそうである。出来事が起ったあとその聖母像をみると、制作当時のふくよかな顔がきびしくなり、部分的に変色して(全体的な変色ならわかるが、こういう変色は今まで例がなかった)いるので非常に驚いたという。

奥原教授もこの若狭氏も事実だけを私に語ってくれたし私もその内容をそのままここに書いているだけである。聖母が修道女に語りかけたことはあるいは幻聴とも考えられるが、その手から血が出、その眼から泪が出たことはどう考えていいであろうか。

正直いうと私はこういう形の出来事に好奇心を持つがそれをその宗教の正当性と結びつける気はないし、そういう考え方に反対である。第一どんな宗教にもふしぎな事は時々、起るのであって、病気が即時に治ったとか、人智ではわからぬ現象が起るのは別に基督教でなくても新興宗教でも大いにありうることだ。だから当の修道院や教会がこれについて現在できるだけ沈黙しょうとし、また科学的検査をたのんだのは正しい気がする。本当の奇蹟とは曾野綾子氏も言うように、こういうふしぎなことではなく、たとえば日本にもいたコルベ神父がナチの収容所で脱走した囚人の身代りを申し出て飢餓室で死んだという——そういう我々にはとてもできぬ崇高な行為を言うのだと私は思っている。

だからこのふしぎな出来事も今のところ必ずしも日本のカトリック信者全体の話題にはなっていない。なかには、「こんな時代遅れの話と信仰とは何の関係もない」と怒る人もいるくらいである。

私はその夜、同行してくれたA君と秋野画伯にどう思うかとたずねてみた。二人とも信じられないと答えた。集団的な自己催眠に皆がかかったのではないかと言う。しかし血や汗が現存し、その泪のながれた像が写真にとられたという事にたいして、この考えは適用できない。誰かがトリックをしたのではないかと秋野画伯は首をかしげたが、しかし、そんな馬鹿々々しいトリックをあの修道女たちがするとはとても思えないのである。

「じゃあ、明日、もう一度、見に行きましょう」と私は言った。「ひょっとすると、秋野さんはその芳香をかぐことができるかもしれないぞ」

「本当にそうなら、ぼくも信じます」

と画伯は答えた。

翌朝、飛行場に行く前の時間を利用してもう一度、聖体奉仕会の修院に出かけた。今日もよく晴れ、台地の上から秋の彫《ほり》ふかい山々がはっきり見える。修道女の一人が昨日と同じように黙々と畠仕事をしている。

チャペルに入ってまた聖母像をみる。昨日と同じように憔悴した表情である。秋野画伯はそばでじっと観察している。芳香は遂にただよわなかった。私野さんは、

「ぼくは昨日、飲んだ酒の匂いがした」

と不満そうだった。

東京に戻って、知りあいの神父に電話でこの話をした。もちろん彼もこの話は知っていたが、

「興味ないですね」

三浦と同じようにあまり関心なそうな声を出した。

「聖母のお告げも出現も、あまりに時代遅れの形ですよ。主が怒っておられるなんて旧約聖書的すぎる。第一、そんなことは本当の宗教と関係ないと思いますよ」

これは結論ではない。この出来事にそういう声も神父たちにあるということを報告したまでである。

五日たって秋野画伯から電話が突然きた。声が震えている。

「あの写真ですがね」

写真とは彼が修院のチャペルで修道女が禁じたにかかわらず、ひそかにとったもののことである。

「現像してみると、ふしぎなことがあったんです。周《まわ》りの花瓶も蠟燭も全部、うつっているのにあの像だけがないんです。三枚が三枚ともそうなんです」


（了）

（『オール読物』昭和51年新年特大号所載）

新版あとがき

　２０１４年の秋、１人の司祭が帰天した。安田貞治神父、享年89。その人物像は本書にあるとおりだ。秋田・湯沢台の修道院に置かれた聖母像が、同院所属の修道女に顕わした諸現象を、検証し報告した、小柄で朴訥な修道司祭だった。

　しかし、全聾のＳ修道女の身と聖母像に起きた出来事に関わってからというもの、安田神父の半生は、順風満帆とも無事平穏とも言い難かったようだ。まず、教会権威の冷たい反応に晒された。その後何があったのか、一連の出来事の舞台となった修道院からも離れ、関東地方の某所で生涯を閉じた。いまわの際を看取ったのは、聖母の告げを聴いたＳ修道女その人だった。そう、Ｓさんもまた、修道院を離れていたのである。

　その間、海外から訪れる巡礼者の増加があって、湯沢台の修道院は面目を一新し、堂々たる佇まいを見せている。だがそれは、私たちが知る初期の風景とはいささか異なる。庭園や新聖堂造りが安田師のアイデアであったと聞けば、初期の経緯を取材した者としては心中、複雑とならざるを得ない。師と修道院の間にもし諍いが生じたとすれば、そんな拡張主義が原因か——と、これは老記者の推測。

高さ1メートルに満たない木彫りの聖母像を巡る出来事が、初めて起こってから40年が経った。日本の教会権威による徹底した無視と嘲笑を背景に、半信半疑だったカトリック信徒らの多くは、すでに「お告げ」のあったことさえ忘れ、出来事は丸ごと、〝なかったこと〟になりつつあるようだ。しかし虚心に出来事と向き合えば、聖母像を通して聖母が秋田で修道女に語った「お告げ」の内容に表わされた指摘の的確さに慄然とさせられる。

もちろん、出来事を信じるかどうかは、聖母像と向き合う一人ひとりの受け取り方次第だろうが、とりあえずもう一度出来事の全容を知り、眼前の現実に対比してみるくらいの謙虚さはあってよいのではないか。本書の初版刊行から40年目に、あらためて復刻版を世に問う所以である。

今や月刊誌『カトリックグラフ』はなく、刊行に汗した同志の中には帰天者もある。が、多くの仲間は健在で、出来事に関する証言の復刻を喜んでくれている。これを機に〝秋田の出来事・その後〟に関する取材プランも浮上した。生涯一記者を志向するカトリック・ジャーナリストとしては、楽しみである。

２０１５年2月

元・カトリックグラフ特別取材班　山内継祐

復刻版 極みなく美しき声の告げ　定価(本体1200円＋税)

発行日　2015年3月20日　復刻版・初版発行
編　者　『カトリックグラフ』特別取材班
発行人　山内継祐 ©FREEPRESS Co.'15
発行所　株式会社フリープレス
〒112-0014　東京都文京区関口1-21-15
☎ 03-3266-1121　F 03-3266-1123
URL/http://www.freepress.co.jp
印刷所　倉敷印刷株式会社
販売所　株式会社星雲社
ISBN978-4-434-20459-3 C0016 ￥1200E
※乱丁・落丁は発行所にてお取り換えいたします。

【原著奥付】
極みなく美しき声の告げ　湯沢台の聖母像に関する調査報告書

1976年8月15日　第1版発行
1980年5月15日　増補版発行
著　者　カトリックグラフ特別取材班
編集兼発行人　山内継祐
発行所　株式会社 コルベ出版社
東京都中野区野方4-19-4(〒165)
電話　03(389)6005
振替　東京8—136849
印刷製本　大西印刷株式会社
定価　1,200円　Printed in Japan

(分)0016(製)6001(出)2457　©Kolbe Publishing Co; 1976